Couvertures supérieure et inférieure
manquantes

A TRAVERS L'AFRIQUE

AVEC

STANLEY ET EMIN-PACHA

NANCY, IMPRIMERIE BERGER-LEVRAULT ET Cie.

A TRAVERS L'AFRIQUE

AVEC

STANLEY ET EMIN-PACHA

Journal de voyage du Père SCHYNSE

PUBLIÉ PAR

CHARLES HESPERS

PARIS

W. HINRICHSEN, ÉDITEUR

22, Rue de Verneuil, 22

1890

INTRODUCTION

Ce fut le 24 mars 1887 que le P. Auguste Wilhelm Schynse, membre de la Société des Missions algériennes, se rencontra avec M. Stanley à Matadi sur le bas Congo. Ce missionnaire, originaire des pays du Rhin, après avoir séjourné sur les bords du Congo environ deux ans, revenait de l'embouchure du Cassaï, où il avait fondé, avec le concours de plusieurs autres membres de la Société, la Mission de Bungana chez les Bayanzi [1]. Stanley était sur le point de remonter le Congo avec une nombreuse expédition, afin d'atteindre le lac Albert-Nyanza, en partant de l'Aruwimi, et d'aller ensuite au secours d'Emin-Pacha.

---

[1] P. Auguste Schynse, *Deux Ans au Congo* ; aventure et descriptions ; publié par Karl Hespers. Cologne, Bachem, 1889.

*

Plus de deux ans après, à la fin du mois d'août 1889, le célèbre explorateur africain rencontra de nouveau le missionnaire allemand, mais dans la partie opposée de l'Afrique, sur la rive méridionale du Victoria-Nyanza. Longtemps mort pour l'Europe, Stanley avait dans l'intervalle traversé les forêts de l'Aruwimi, au prix des plus grands dangers et des plus dures privations, s'était rencontré avec Emin-Pacha et le 10 avril 1889 avait pris la route du Sud avec Emin et sa suite. Suivant d'abord la vallée du Semliki, l'expédition atteignit le lac Albert-Édouard; puis, continuant leur route dans la direction du Sud-Est, Stanley et Emin arrivèrent le 28 août à l'extrémité méridionale du Victoria-Nyanza[1].

Les membres européens de l'expédition

---

1. *Lettres de Stanley sur la délivrance d'Emin-Pacha*, publiées par J. Scott Keltie. Édition allemande. Leipzig, Brockhaus, 1890.

Stanley manquaient des choses les plus nécessaires, telles que vêtements, chaussures, etc. Aussi l'évêque Livinhac chargea-t-il les Pères Schynse et Girault, missionnaires de la station de Bukumbi, sur le Nyanza, de fournir aux voyageurs arrêtés à la station du missionnaire anglais Makay les secours qu'ils demandaient, et de leur apporter en même temps les compliments de la Mission.

A cette occasion, le P. Girault, qui souffrait d'une maladie des yeux, demanda une consultation au Dr Emin-Pacha, qui constata un commencement de cataracte, réclamant une opération possible seulement en Europe. Il fut donc décidé à Bukumbi que le P. Girault suivrait l'expédition de Stanley jusqu'à la côte, et le P. Schynse fut chargé d'accompagner le malade.

Cependant Stanley était parti le 16 septembre de la station de Makay, et bientôt arrivèrent des nouvelles inquiétantes de combats livrés par l'expédition sur le territoire de Nera. Les deux missionnaires, ignorant par suite le chemin que Stanley avait pris, retardèrent leur départ jusqu'au 4 octobre. Mais à cette date ils se mirent à sa recherche et le retrouvèrent, le 17, à Kungu. Stanley et Emin-Pacha leur firent un excellent accueil et leur accordèrent l'autorisation de se joindre avec leurs porteurs à la grande caravane. Ce fut avec celle-ci que les deux missionnaires arrivèrent le 4 décembre 1889 à Bagamoyo, sur la côte.

Par quelles circonstances le P. Schynse était-il arrivé du moyen Congo au rivage méridional du Victoria-Nyanza? Tandis que Stanley pénétrait par une marche hardie à travers là région encore inexplorée de l'Aruwimi jusqu'au lac Albert-Nyanza, constatait que le lac Albert-Édouard était la source sud-ouest du Nil, découvrait les légendaires montagnes de la Lune et faisait connaître les contrées inconnues situées entre le lac Albert-Nyanza et le lac Victoria, un enchaînement de péripéties avait conduit le missionnaire allemand du bassin du Congo à la Mission de Bukumbi.

Lorsque, par suite d'une nouvelle répartition du territoire des Missions, le P. Schynse dut abandonner la station de Bungana qu'il avait fondée sur le Cassaï, son intention était de faire amener le matériel de sa mission aux stations de la Société algérienne situées sur le Tanganika, en lui faisant remonter le Congo par Nyangwe. Mais ce plan ne fut pas exécuté, Schynse revint avec ses compagnons jusqu'à l'embouchure du Congo, s'embarqua le 18 mai et arriva le 19 juin à Alger en passant par Lisbonne.

A Alger, il se consacra quelque temps à l'éducation des pupilles de la Mission, au petit séminaire Saint-Eugène, puis il reçut l'ordre de se rendre avec une nouvelle caravane de missionnaires à Unyanyembé, dans l'Afrique orientale.

Le chef de l'expédition était Mgr Bridoux, récemment nommé vicaire apostolique pour le Tanganika. Consacré évêque le 1er juillet 1888, il devait succéder au P. Charbonnier, mort le 16 mars précédent sur le Tanganika. Dans sa suite se trouvaient les Pères Auguste Carmoi pour le Tanganika, Chantemerle pour le Victoria-Nyanza, Édouard Herrebaut pour le pro-vicariat du haut Lualaba, Auguste Schynse pour le provicariat de Unyanyembé; puis deux frères de la Congrégation : Alexandre Andrieux pour le Tanganika, Pierre Tarteyre pour le Victoria-Nyanza. En outre l'expédition était accompagnée de trois médecins nègres qui avaient fait leurs études à l'université de Malte. Rachetés de l'esclavage par les missionnaires, dans l'intérieur de l'Afrique, à l'âge de huit ou dix ans, ils avaient été élevés en Europe.

Le 18 juillet 1888, l'expédition s'embarqua à Marseille sur le *Madura* et aborda le 22 août à Zanzibar. En peu de temps les dispositions nécessaires furent prises. Dès le 21 août, peu de jours avant que n'éclatât le soulèvement de l'Afrique orientale, on quitta Saadani pour atteindre Tabora. Les lettres suivantes du P. Schynse retracent d'une manière saisissante le voyage de Marseille à Zanzibar, et de là à Unyanyembé.

A TRAVERS L'AFRIQUE

AVEC

STANLEY ET EMIN-PACHA

——•O•——

De Marseille à Kipalapala, près Tabora.

I

« Momboya, le 29 septembre 1888.

« Enfin, j'ai une heure de liberté, en admettant que l'on ne vienne pas m'offrir des œufs, des poulets, des chèvres, des porteurs, des fusils, etc., car l'économe d'une caravane n'est jamais sûr de l'heure qui va venir, et quand on s'est enfin rendu libre, on emploie le temps... à dormir.

« A Momboya nous faisons un séjour de deux jours. C'est le commencement de l'Usagara,

---

1. Sur la route de Saadani à Mpuapua.

contrée superbe, et par endroits, — ici par exemple, — très peuplée et bien cultivée. Nous sommes campés dans une vallée encaissée de montagnes hautes de plus de deux mille mètres, à une altitude d'environ neuf cents mètres au-dessus du niveau de la mer, et à proximité d'une station anglaise, située encore quatre cents mètres plus haut. La pureté de l'air et la douceur de la température exercent l'influence la plus salutaire sur notre santé, qui du reste a été constamment bonne jusqu'ici.

« Nous nous étions embarqués le 18 juillet à Marseille pour passer ensuite devant Naples ; mais je n'avais pas visité cette ville, au grand dépit du patron d'une barque qui ne pouvait comprendre qu'un étranger se refusât à errer dans des rues sales pour ne pas gâter l'impression produite sur lui par la superbe situation de la ville. Nous traversâmes ensuite le détroit de Messine, malgré Charybde et Scylla, adoucis sans doute par les siècles. Scylla est un petit village, et Charybde un endroit agité par le remous, à peine dangereux pour de très petites barques. Peu de temps avant d'entrer dans

le détroit (quatre heures environ), nous aperçûmes le Stromboli en éruption. Constamment
voilé de brouillards, le Vésuve ne nous avait
montré que quelques minutes son panache de
fumée. La côte de la Calabre est d'une sauva-
gerie romantique ; elle semble pierreuse et
aride, mais on y voit cependant sur les promon-
toires de nombreux villages, qui sont souvent
de vrais nids d'aigles. Dans les vallées on cultive la vigne et l'olivier. Le 23 juillet notre
vapeur longeait la côte méridionale de la Crète ;
le 25 nous apercevions les feux de Damiette,
et dans la nuit nous entrions à Port-Saïd, ville
nouvelle, bâtie presque entièrement en bois,
et qui n'offre d'intérêt que pour le marchand.

« Nous traversâmes très lentement le canal
de Suez, fossé large de cinquante à cent mètres,
creusé dans un désert de sable que coupent çà
et là quelques jardins. Dans sa troisième partie il traverse les Lacs-Amers, que notre vais-
seau franchit à toute vapeur pour entrer le 27
dans la mer Rouge et jeter l'ancre devant Suez.
Le lendemain matin nous nous en éloignions.
A notre gauche nous avons l'Arabie Pétrée

(avec le Sinaï) ; à droite les hauteurs du désert de Libye. La température resta tempérée (33°) jusqu'à Souakim, où nous fûmes gravement incommodés de la chaleur; cela dura jusqu'à Aden. Nous vîmes Souakim, Massouah, un véritable enfer, où les pauvres Italiens ont beaucoup à souffrir du climat; Djeddah, le port de la Mecque; Hodéida, le port de Moka. L'Océan indien était très agité.

«Le 22 août nous arrivions à Zanzibar. Après quelques jours d'un travail acharné et de courses infructueuses de tous côtés, occasionnées par le nouveau système douanier de la Société allemande de l'Afrique orientale, nous nous embarquions le 28 pour Saadani, où nous trouvions M. Stokes [1] qui nous attendait. Ayant achevé nos derniers préparatifs, nous nous rendîmes le 31 à la Schamba (campagne) du vali de Saadani, où nous attendîmes trois jours que tous les porteurs fussent réunis. M. Stokes se charge de la conduite de la caravane. Il y a treize cents porteurs, dont un

---

1. Négociant anglais qui se charge d'équiper et d'accompagner les caravanes se rendant dans l'intérieur du pays.

quart tout au plus pour nous; nous n'avons donc à nous préoccuper que de nous-mêmes, de nos ânes, de nos soldats et des bagages indispensables.

« De Saadani nous nous dirigeâmes vers l'Ouest, nous élevant doucement à travers une plaine très fertile et très peuplée. Huit jours après nous étions à une altitude de trois cents mètres au-dessus du niveau de la mer, et nous ne la quittâmes qu'aux monts Ngulu. Jusque-là le pays avait été onduleux; mais alors, après avoir côtoyé pendant deux jours le versant méridional d'une chaîne de collines, nous commençâmes à les gravir; puis nous maintenant à une altitude de sept cents à mille mètres nous traversâmes par une marche forcée un « pori », contrée inculte et sans eau, jusqu'à ce que nous rencontrâmes un petit ruisseau. Les plus robustes d'entre les porteurs retournèrent aussitôt en arrière, pour secourir ceux qui étaient épuisés. Un homme mourut en route. Nous avions marché pendant six heures, ce qui, pour les porteurs, fait presque le double. Nos ânes avaient souffert pour nous. De là nous franchîmes vers le Sud, par un col situé à une altitude de mille mètres, une chaîne de montagnes qui forme la limite entre le Kungula et l'Usagara, et nous descendîmes dans la vallée de Momboya.

« Le « pori » abondait en perspectives romantiques. Les hauteurs sont généralement couvertes de forêts épaisses, ou bien d'énormes murs de rochers se détachent vigoureusement sur l'horizon. Au fond des vallées il y a bien de l'eau, mais le chemin des caravanes passe autant que possible sur les crêtes, afin d'éviter les montées et les descentes. Devant nous (au Sud-Ouest) nous avons des montagnes hautes de plus de deux mille mètres, à travers lesquelles nous devons chercher demain notre route. Je pense qu'une profonde vallée doit livrer passage aux nombreuses caravanes qui, pour se rendre à Bagamoyo, préfèrent cette route du Nord à celle du Sud. Sur cette dernière on n'a pas de hauteurs, mais en revanche des marécages et des fièvres. Ici l'air est excellent; jusqu'à présent nous n'avons souffert d'aucune maladie: à Zanzibar je ne me sentais pas si bien. D'ici nous serons en quatre jours à Mpuapua.

« Mpuapua, le 3 octobre.

« Le 27 nous ne marchâmes que deux heures et nous dûmes nous arrêter, une partie de la caravane étant restée en arrière. Nous trouvâmes des Masaï isolés, qui ont de très beaux troupeaux de bœufs ; mais ils ne veulent rien vendre. Nous avions déjà gravi quatorze cents mètres et nous établîmes le camp à une hauteur de douze cent cinquante. Il faisait très frais, la nuit fut même froide. Le 28, ayant continué à nous élever, nous fîmes halte au bout de deux heures dans un district appelé Lubéo et visité par les Masaï. Le jour suivant nous en partîmes pour traverser en une marche de quatre heures et demie une plaine très belle et très fertile. Trois jours après nous atteignions Mpuapua, où flotte le drapeau allemand. L'officier qui y commande, le lieutenant Giese, est un homme très aimable qui vint aussitôt nous rendre visite.

II.

« Kuikuru (Uyui), le 7 novembre 1888.

« Partis le 4 octobre de Mpuapua, où j'avais trouvé dans la personne du gouverneur allemand un homme aussi instruit qu'aimable, nous traversions en une marche de neuf heures les « m'kali de Marenga » (eaux amères, déserts) et atteignions l'Ugogo le 7 octobre. Nous traversâmes ce pays par des sentiers peu fréquentés, et à marches forcées, car l'eau y est rare ; il nous fallait l'acheter de 50 à 60 centimes le litre.

« Dans l'Ugogo nous eûmes beaucoup à souffrir de la chaleur. M⁶ʳ Bridoux et le P. Chantemerle furent pris d'une grosse fièvre, et je dus intervenir énergiquement pour les obliger à se soigner. En trois jours nous fûmes maîtres de la maladie. Les malades furent transportés jusqu'à Ikungu à travers le « pori », que nous mîmes six jours à traverser. Rien que des ronces et bien peu d'eau ! J'eus assez de mal, et mon âne en vit de dures. Quant à mes vêtements, ils furent complètement déchirés.

« A Ikungu, où nous arrivâmes le 28 octobre, la grande caravane dut se séparer. Une partie nous accompagne jusqu'à Kipalapala, près de Tabora, l'autre, avec M. Stokes, se rend au Victoria-Nyanza, dans la direction du Nord. Lorsque nous voulûmes quitter Ikungu le 31, les porteurs se refusèrent à continuer leur route. Seule l'assurance que nous nous rendons à Tabora en passant par Uyui, leur pays, peut arriver à les rassurer. Durant quatre jours nous traversons un pori sans eau. La dernière nuit, un lion nous a dévoré un âne égaré ; toutefois le lendemain nous avons retrouvé la selle.

« Privés d'eau, nous partîmes le 4 novembre au soir, malgré une marche de six heures dans la matinée, et nous marchâmes jusqu'à minuit. Après un repos d'une heure, nous repartîmes jusqu'à cinq heures, où nous trouvâmes de l'eau. Les porteurs, épuisés, n'avançaient plus que lentement ; je pris la tête de la colonne et, avec l'aide de Dieu, je parvins, malgré une sombre nuit d'orage, à suivre le sentier pendant six heures, dans un terrain déchiré, jusqu'à ce que nous trouvâmes un guide. A cinq heures, nous rencontrions des villages, et de bon « pombé » nous restaura.

« Le jour suivant, 5 novembre, nous arrivions à Kuikuru, la capitale de l'Uyui, où nos porteurs nous abandonnèrent en masse. Le P. Hauttecœur, de la station de Kipalapala, nous attendait en cet endroit. Nous rendîmes visite au sultan de l'Uyui ; il ne demande pas de « hongo », mais un cadeau, ce qui revient au même. Nous lui donnons des étoffes pour la valeur de 200 fr., et il en semble satisfait. En échange, il nous envoie deux cruches de « pombé » et nous promet un bœuf. Msr Bridoux continue sa route avec les autres jusqu'à Kipalapala, distant seulement d'un jour de marche ; moi, je reste ici avec le P. Herrebaut pour chercher de nouveaux porteurs et remettre demain la caravane en marche. Nous sommes bien logés dans les bâtiments abandonnés de la mission anglaise, et nous avons toutes nos provisions près de nous. Le sultan de l'Uyui nous a envoyé son bœuf le plus beau et le plus méchant ; il a fallu trente hommes pour le pousser dans notre cour, mais il a été impossible de le toucher jusqu'à ce que je lui aie envoyé une balle dans la tête. Nous avons donc du beefsteack et tout le luxe possible. »

Le 8 novembre, le P. Schynse arrivait, avec la caravane de porteurs reconstituée, à son lieu de destination, la Mission de Kipalapala, près de Tabora.

A Kipalapala.

Entre temps, la nouvelle des événements dont la côte avait été le théâtre était parvenue à Tabora et avait mis les Arabes du pays dans la plus grande effervescence. Dès le jour de l'arrivée du P. Schynse, on savait qu'ils avaient conseillé au sultan Siko de Tabora de massacrer tous les Européens[1].

Mais laissons la parole au P. Schynse lui-même.

III[2]

« Kipalapala, le 12 décembre 1888.

« Une fois par mois seulement nous avons des relations postales avec le reste du monde au moyen de courriers ; mais ceux-ci ne sont que trop souvent arrêtés et dépouillés en

1. Lettre du vicaire apostolique, M⁀ʳ Bridoux, 10 novembre 1888.
2. Cette lettre a paru en entier dans la *Gazette populaire de Cologne*, édition du matin, 26 février 1889.

route, et alors nous restons des mois entiers sans nouvelles. Nous menons une existence très précaire, doublement précaire depuis que la nouvelle des événements arrivés sur la côte de Zanzibar est parvenue ici. Chaque jour un orage peut éclater. Les Arabes s'apprêtent en silence et cherchent à exciter les indigènes.

« Le « tembé » de la Mission forme un carré de 70 mètres de longueur, complètement entouré de murs et renforcé aux quatre coins par des bastions munis de meurtrières. Le puits est à l'intérieur, et nous avons habituellement une provision de vivres suffisante pour quelques mois. Vingt hommes résolus peuvent défendre la Mission contre une armée, mais ces hommes-là nous manquent. Les mauvaises dispositions des Wangwanas de Tabora forcent les missionnaires à envoyer leurs élèves adultes dans le Nord, à Usambiro, où l'influence des Arabes n'a pas encore pénétré. Il n'y a donc pas dans la Mission, en outre des quatre Pères, quatre individus en état de porter les armes. Les ressources bornées de l'établissement ne permettent pas d'en entretenir un plus grand nombre. Et cependant les frais ne seraient pas si grands. Parmi les centaines de Bagandas émigrés, qui se trouvent maintenant sur la rive méridionale du Nyanza, on pourrait facilement trouver un certain nombre de chrétiens ou de catéchumènes qui consentiraient, moyennant une solde convenable, à s'établir à Unyanyembe afin d'y protéger la Mission. (Les guerriers bagandas sont partout redoutés à cause de leur bravoure.) Outre l'armement, les frais se réduiraient à peut-être 250 marks (312 fr. 50 c.) par an et par tête, et l'aversion des Bagandas pour les Wangwanas, esclaves et partisans des Arabes, est si grande qu'il n'y aurait point à redouter d'alliance entre eux... Aucun des chefs indigènes n'oserait s'attirer l'hostilité d'une force pareille.

« La situation s'aggrave de plus en plus. Déjà les Arabes ont donné à Sike, sultan d'Unyanyembe, le conseil amical de massacrer tous les Européens sur son territoire. C'est par intérêt que Sike ne le fait pas, car il spécule sur les cadeaux, et aussi par crainte du châtiment. Peut-être aussi ne veut-il pas laisser tout à fait libre carrière aux Arabes, heureux de pouvoir contre-balancer par un autre élément l'influence de ces maîtres actuels. »

IV.

« Kipalapala, près de Tabora, le 3 février 1889. »

« Il règne ici un silence de mort. Pas un courrier ne part pour la côte, pas un n'en arrive. J'ignore si les lettres de Mpuapua et d'ici y sont parvenues. Deux courriers ont été arrêtés et dépouillés sur la côte. Ces jours-ci nous attendons la poste de Zanzibar, mais avec beaucoup de résignation ; nous avons peu d'espoir de la voir arriver. Nous ignorons ce qui se passe sur la côte et en Europe. Pour le moment nous n'avons rien à craindre des événements locaux ; quant à l'avenir, il nous inquiète peu, car Dieu en est le maître et nous accepterons ce qu'il nous enverra. Notre « tembé », protégé par son enceinte de murs et de tours percées de meurtrières, nous met à l'abri d'un coup de main ; nos sept grands chiens, redoutés pour leur férocité, veillent sur nous la nuit ; mais, comme je l'ai dit, l'avenir est à Dieu. Ne t'inquiète donc pas, même si notre Mission a plusieurs mauvais mois à passer, et si peut-être, les choses ne s'arrangeant pas sur la côte, tu restes longtemps sans entendre parler de nous. Une mauvaise nouvelle trouve toujours son chemin jusqu'en Europe ; donc pas de nouvelles, bonnes nouvelles.

« Quant au pays en lui-même, il est beau et fertile jusqu'à la frontière de l'Usagara, mais à partir de là il est triste et désert. De Mpuapua jusqu'ici (500 kilomètres) je n'ai pas vu un cours d'eau. Ce pays-ci ne peut être comparé au Haut-Congo. Les nègres y sont bien les mêmes, mais moins confiants que de l'autre côté. La langue appartient à la même famille (le Bantu) ; je commence à m'y exprimer facilement.

« Le terrain est plat, légèrement ondulé, mais le sol est malheureusement sablonneux et stérile. Dans la saison sèche il n'y a pas d'eau ; dans celle des pluies elle ne trouve que peu d'écoulement, et se dirige par le Malagarozy vers le Tanganika et le Congo. Les habitations s'appellent « tembés » ; ce sont des bâtiments carrés groupés autour d'une cour, dans laquelle le bétail passe la nuit, abrité contre les lions et les léopards. Nous avons environ 50 bœufs ou vaches, et en outre, des chèvres et des brebis, mais elles ne nous donnent que peu de lait, assez toutefois pour nous quatre. Nous avons bien 60 enfants ; pour l'instant nous n'en achetons pas, jusqu'à ce que la situation s'améliore. Une demi-heure par jour je suis maître d'école ; une autre demi-heure je fais le catéchisme. Le reste du temps je suis tailleur, etc., et actuellement charron. J'ai fabriqué une charrette à deux roues qui excite déjà l'envie du Mtemi (sultan). Il en réclame une aussi, car il veut rebâtir sa capitale à une demi-lieue d'ici ; toutefois il peut attendre. Il faut qu'il me fournisse quatre fois autant de bois et de fer qu'il m'en a fallu pour la mienne, et il ne le fera jamais. C'est un abominable ivrogne.

« Ma santé est bonne. Les premières semaines
j'ai eu un peu de fièvre tous les quinze jours
(le dimanche), mais voilà plus d'un mois que
je n'éprouve rien, et je me sens tout aussi bien
qu'au Congo. Nous avons, Dieu merci, dans
nos magasins assez de marchandises d'échange
pour pouvoir vivre deux ans.

V

Kipalapala, le 4 juin 1889[1].

« Les temps sont durs, tout est énormément
cher. La poudre, et encore la plus mauvaise,
se paie ici de 50 à 55 piastres les vingt livres.
Le prix des étoffes a doublé. Par surcroît, le
commerce est complètement stationnaire ; aussi
les Arabes ont le temps de s'occuper des affaires
extérieures. Jusqu'à présent nous n'avons pas
encore souffert directement de leur hostilité.
Le Mtemi (sultan) de l'Unyanyembé ne permet
aucun acte de violence, mais il nous faut ache-

1. Parue d'abord dans la *Gazette populaire de Cologne*,
du 2 décembre 1889.

ter son bon vouloir par de durs sacrifices, qu'à la longue nous ne pourrons continuer. Aussi je pense t'écrire d'un autre endroit à la prochaine occasion. La situation ici est intolérable. Au Victoria-Nyanza, au contraire, il règne une grande sécurité. Sans les enfants, nous serions déjà partis.

« Tu me demandes une description de notre maison et des environs. L'Unyanyembé est légèrement ondulé, traversé par des arêtes de granit, et présente un aspect agréable à la saison des pluies, où tout est vert. Mais la fertilité laisse à désirer et ne peut être comparée à celle du Haut-Congo. Dans notre voisinage immédiat le sol est sablonneux et ne produit que des patates et du manioc. Les céréales ne peuvent être cultivées que sur les grands *Kisugulus* (fourmilières). Nulle part il n'y a d'eau courante; de Mpuapua jusqu'ici nous n'avons vu ni rivière ni ruisseau. Pendant la saison des pluies il se forme de petits cours d'eau, qui sont taris au bout de trois jours, et de vastes nappes occupent les bas-fonds, gênant et parfois arrêtant les communications, car on enfonce à chaque pas. Il se produit alors de fréquents accidents; les imprudents s'enfoncent dans le sol complètement détrempé et y trouvent la mort. Ces endroits humides et marécageux sont utilisés pour la culture du riz.

« L'Unyanyembé en lui-même est sans valeur. Ce qui en fait l'importance, c'est sa position entre la côte, le Tanganika et le Nyanza, et l'esprit nomade de ses habitants, qui, leurs champs cultivés, s'enrôlent par milliers comme porteurs dans les caravanes. C'est là ce qui a poussé les négociants arabes à choisir l'Unyanyembé comme centre de leurs entreprises. Au point de vue colonial, ce pays n'a aucune valeur; mais c'est autre chose si l'Allemagne veut énergiquement combattre le trafic des marchands d'esclaves. Tous ceux qu'on exporte de Zanzibar passent par ici; c'est ici que se réunissent les caravanes du Nord et de l'Ouest; c'est d'ici qu'elles partent pour le Tanganika et le Nyanza jusqu'à Karagwé. Un poste fortifié pourrait exercer une influence décisive. Toutefois, je ne crois pas que Wissmann étende les siens jusqu'ici, ses moyens sont trop restreints. Sur la côte, un certain nombre de postes, avec une garnison de 50 à 100 hommes chacun, dispersés dans le pays, mais assez près les uns des autres pour pouvoir se secourir mutuellement, suffiraient à tenir le territoire en respect. Pour être maîtresse de la situation ici, à Tabora, il faudrait à l'Allemagne de 400 à 500 fusils, dans une position fortifiée. Ainsi elle dominerait le pays, mais elle ne le pourrait pas à moins, et ce serait une dépense d'un demi-million par an. Il y a des Arabes qui peuvent mettre sur pied 200 ou 300 esclaves armés de fusils. Quant aux indigènes, on pourrait plus facilement en venir à bout.

« Puisque je parle de postes fortifiés, je veux en décrire un. Notre Mission est tout à fait imprenable. Si nous avions 100 hommes avec de bons fusils, personne ne songerait à nous inquiéter. Elle forme un carré de 70 mètres de côté, qui est flanqué aux quatre angles de tours percées de meurtrières, et n'a qu'une entrée. Le puits est à l'intérieur. Au milieu se trouvent la chapelle, le magasin et plusieurs chambres ne formant qu'un bâtiment; les constructions latérales renferment l'église, le Barza (salon de réception), le fruitier, le réfectoire et les dortoirs pour les enfants. Un côté et demi du carré est simplement entouré de murs; on n'y a rien construit. Pour mettre les bâtiments à l'abri du feu, on les a couverts en argile, ce qui est très désagréable pendant la saison des pluies, l'argile se délayant et laissant passer l'eau. Nous pensions faire cuire des tuiles pendant cette saison, mais Dieu semble en avoir décidé autrement. La maison abrite actuellement 4 familles, 4 missionnaires et 60 enfants. Les plus grands sont déjà partis pour le Nord, et dans quinze jours, si Dieu le veut, je les suivrai avec les plus petits pour les mettre en sûreté.

« En outre nous recevons parfois des visites. Dernièrement quelque bruit m'éveilla pendant la nuit. Je cherche avec de la lumière, mais je ne trouve rien. En me recouchant, je touche avec mon pied quelque chose de froid dans mon lit. Prompt comme l'éclair je m'élance, je rallume, je saisis mon fusil, mais trop tard. Mon noir visiteur, un *serpent cracheur*, s'était esquivé derrière une commode et de là dans le toit, où je ne pouvais le voir. Le lendemain après la prière du soir je vais dans ma chambre, mais en franchissant la porte je sens la queue du serpent qui me frôle le cou et la joue. Cette fois je vins à bout de découvrir l'animal au-dessus de la porte, où mon fusil ne pouvait l'atteindre. Le Père supérieur apporta deux lances et de cette façon, l'ayant embroché à la tête et à la queue, nous pûmes le descendre. Un coup de feu l'acheva ; long d'un mètre et demi, il était gros comme le bras. Heureusement cet animal n'attaque jamais ; si on s'approche trop de lui, il vous crache son venin, et ne mord que si on le maltraite ou qu'on marche sur lui sans l'apercevoir ; du reste on le tue partout. Deux jours après, nouvelle visite qui me força à quitter ma chambre, mais cette fois le danger n'était pas grand. Pendant que j'écrivais cette lettre, les enfants m'appelèrent dans le Barza qui est contigu ; il y avait là, disaient-ils, un serpent très singulier. — J'entre avec mon fusil et je trouve un lézard long de deux pieds. Un vigoureux coup de bâton lui ôta pour toujours l'envie de se réchauffer dans mon lit. Il commence en effet à faire frais dans ce pays; nous avons des pigeons, et ils attirent la vermine. Il faut donc lutter ici contre bien des ennemis, à commencer par les Arabes pour finir par les insectes et les reptiles, et ces derniers sont encore les moins désagréables. L'on a des nouvelles de la côte, et ces messieurs commencent à avoir la tête bien échauffée. Il nous en coûtera encore de 800 à 1,000 fr. pour persuader au Mtemi que tout est faux et que nous sommes ses meilleurs amis. Voilà six mois que cela dure; seul, Dieu sait quand et comment cela finira. C'est pourquoi nous cherchons un expédient; à la longue cela ne peut continuer ainsi.

« Au point du reste où en sont les choses, les demi-mesures sont insuffisantes. Ou bien il faut que l'Allemagne supporte les menées des Arabes, y compris la chasse et la traite des esclaves, et alors les Arabes lui seront favorables. Peu leur importe qui règne sur la côte, que ce soit Saïd-Pacha ou l'Allemagne ; pourvu que leurs caravanes arrivent et partent sans entraves et que personne ne se mêle de leur commerce, ils sont contents. Ou bien l'Allemagne inscrira sur son programme la civilisation chrétienne en opposition avec l'Islam, et alors elle ne peut se maintenir dans l'Afrique Orientale que par la force, jusqu'à ce que les Arabes, gênés dans leurs menées, se retirent ou se soumettent, tout en murmurant. Du côté des indigènes il ne faut attendre de résistance que s'ils subissent l'influence arabe, c'est-à-dire s'ils sont convertis au Mahométisme. Mais pour faire disparaître complètement l'esclavage de ce pays, il faut un travail de plusieurs siècles. Il est tellement entré dans la vie et dans les idées du peuple qu'on ne peut le combattre que par le progrès de la civilisation chrétienne, et cela, c'est notre tâche. Toutefois, comme je l'ai déjà constaté au Congo, l'esclavage chez les peuplades nègres est beaucoup moins affreux que la traite des esclaves organisée par l'Islam. »

Fuite de Kipalapala au Victoria-Nyanza.

De jour en jour la situation des missionnaires à Kipalapala devenait plus difficile, et l'attitude du sultan Sike plus menaçante. A chaque instant il exigeait de nouveaux « hongos » (présents), toujours plus chers. Il fut défendu aux indigènes de se louer comme porteurs aux missionnaires. De plus on répandit contre ceux-ci les imputations les plus insensées ; on les accusait d'avoir creusé une mine depuis leur demeure jusqu'à la résidence du sultan, afin de le faire sauter en l'air avec toute sa capitale[1].

Dans ces conditions, les missionnaires résolurent d'abandonner la station et de se réfugier avec les pupilles de la Mission sur la rive méridionale du Victoria-Nyanza. Pour écarter tout soupçon, ils voulurent partir de Kipalapala en deux groupes ; le P. Schynse d'abord, avec les plus jeunes enfants ; les autres avec les

---

1. Lettre du P. Chevalier, Notre-Dame-des-Exilés, Nyagezi, 20 septembre 1889.

plus grands devaient les suivre à quatre jours de distance.

Le P. Schynse raconte la fuite et le voyage jusqu'au Nyanza dans les deux lettres suivantes[1] :

VI

Usòngo (4° 13' sud), 12 juillet 1889.

« Ce que je faisais prévoir dans ma dernière lettre est arrivé ; nous avons abandonné Kipalapala. Il était grand temps ! Je le quittai le 30 juin avec environ 280 porteurs, 36 enfants, tous petits ou malades, 11 soldats (askari) et 1 frère-lai (Fr. Pierre). J'arrivai heureusement, sans perdre une charge ou un enfant, et sans tirer un coup de fusil, à Uyui, chef-lieu d'une peuplade voisine, où le sultan Kanoni me rançonna fortement, il est vrai, mais toutefois me laissa passer sans obstacle.

« Après un repos d'un jour, je quittai Uyui,

---

1. Publiées toutes deux dans la *Gazette populaire de Cologne*, édition du matin, du 26 novembre 1889.

me dirigeant vers le Nord-Est à petites journées et attendant des nouvelles de Kipalapala ; les PP. Hauttecœur et Chevalier devaient en partir le 4 juillet au soir avec le reste des enfants. Cependant le 6 juillet ils n'étaient pas encore à Uyui, quand ils auraient dû y arriver le 5 au matin. Plein d'inquiétude je marchai encore un jour, mais alors j'appris diverses nouvelles qui me décidèrent à atteindre cet endroit (Usongo) en deux marches forcées. Le Mtemi (prince) est favorable aux Européens et nous offre sa protection. J'attendis encore deux longs jours. Enfin arrivèrent des courriers qui m'annoncèrent que les Pères étaient à Uyui, mais complètement dépouillés. Hier ils sont arrivés ici tout épuisés, et nous voilà de nouveau réunis.

« Que s'était-il passé ? Ma caravane avait été sauvée par un miracle. Quelques-uns de nos ennemis, des Arabes de Kuihara, près Tabora, avaient envoyé leurs esclaves à Mashemo, notre premier campement, afin de piller la caravane.

« Il est d'usage de s'arrêter quelques jours

au premier campement, afin que tout le monde s'y réunisse. Toutefois j'avais assez de porteurs. Remplaçant quelques retardataires, je partis dès le lendemain matin, au lieu de m'attarder, car j'avais hâte de traverser le « pori » mal famé qui me séparait d'Uyui. Quand vers midi les Arabes arrivèrent, ils trouvèrent le nid vide et apprirent sans doute que je devais être déjà près de Uyui, et qu'il n'y avait plus rien à faire. Ils partirent, méditant un nouveau coup qui, cette fois, leur réussit à moitié. A Unyanyembé le bruit s'était répandu que ma caravane avait été pillée, que j'avais reçu un coup de feu à la jambe, mais que cependant je m'étais échappé, et autres choses semblables. On ajoutait que j'avais été de nouveau dépouillé à Uyui, et tout cela détermina les Pères à attendre un jour. Mais Sike vint les trouver (voir à la fin de la lettre du 14 août) et leur dit : — Les Arabes veulent vous tuer. Donnez-moi 100 pièces d'étoffe (valant 2,500 fr.) et je les en empêcherai. — Mais la maison était entièrement vide ; j'avais tout emporté, sauf 6 pièces. On en acheta 40 pièces chez un Arabe de nos amis (Séif ben Saïd) et l'on donna pour le restant une lettre sur Zanzibar.

« C'est ainsi qu'arriva le 5 juillet. Le soir, vers 9 heures, par un ciel couvert, les Pères quittèrent la maison sous la conduite de deux Zanzibarites, parfaitement au courant de la route et à notre service depuis sept ans. C'étaient des traîtres qui vendirent les missionnaires. Au lieu de les mener à Uyui, il les conduisirent avec les enfants et sept porteurs, chargés en grande partie d'ornements d'église, à Kuihara, où ils disparurent. Ignorant le chemin, les Pères attendirent jusqu'au matin, où ils retrouvèrent leur route ; mais il était trop tard. Ils furent immédiatement attaqués et séparés par une foule de Wangwanas et de Wanyamuesi. Le Père supérieur voulut se réfugier dans la maison d'un Arabe de Kuihara ; on lui montra la porte ; il fut traité de même par un autre. Quelques Wasukuma défendirent leur charge à coups de fusil ; d'autres prirent la fuite. Le Père supérieur interdit de se servir des armes et prit la route de Tabora, entouré d'une foule hurlante qui grossissait sans cesse. Il arriva heureusement à la maison de Séif ben Saïd, qui l'accueillit avec une hospitalité tout arabe, arma aussitôt ses esclaves et fit murer ses fenêtres, mettant ainsi sa maison en état de défense. En même temps il envoyait dix de ses gens les plus résolus à Kuihara, au secours du P. Chevalier; ils arrivèrent assez à temps pour le délivrer; déjà une balle de son propre fusil avait sifflé à ses oreilles. Cinq enfants, presque tous les fusils et tous les bagages étaient perdus. Toutefois trois des enfants revinrent; Sike les avait faits prisonniers et les renvoyait, tremblant pour le paiement de sa traite. Un quatrième enfant s'était enfui et avait suivi ma trace. Il rejoignit mes gens à Ndala, à quatre lieues au Nord de Uyui, où j'avais laissé mes ânes, mes tentes, etc. Enfin un cinquième enfant avait également pris la fuite et était en sûreté chez Séif ben Saïd.

« Celui-ci se comporta en vrai gentilhomme. On le menaçait de brûler sa maison, mais il jura qu'on n'arriverait aux blancs qu'en passant sur son corps. Un autre Arabe de Tabora fit la déclaration suivante : — Que les Pères restent chez Séif jusqu'à ce qu'ils lui aient fait dépenser son dernier morceau d'étoffe, puis qu'ils viennent chez moi ; tant que j'aurai une charge de poudre et une upande (deux aunes), rien ne leur manquera, et alors nous irons tous ensemble chez le voisin.

« On voit que tous les Arabes ne sont pas nos ennemis ; au contraire les plus puissants nous veulent du bien. Kuihara nous est hostile, mais en revanche Tabora nous est en gé-néral favorable.

« Les Pères restèrent trois jours chez Séif ; puis, sous la garde de l'Arabe et de ses esclaves, ils quittèrent à minuit cette maison hospitalière, marchant pieds nus pour ne pas laisser de traces reconnaissables. Séif les quitta à la frontière de l'Unyanyembé ; mais ses esclaves les accompagnèrent jusqu'ici à Usongo, marchant jour et nuit et faisant en trois étapes cent quarante kilomètres. Demain nous comptons partir tous ensemble pour le Nord ; maintenant le danger est passé. Nous sommes réunis et n'avons plus que des gens résolus autour de nous. Les traîtres sont partis, et parmi nos soldats quelques lâches se sont enfuis dès les premiers bruits, entre autres un frère de celui qui a vendu les Pères à Kuihara. La perte se monte à vingt fusils, quelques couvertures de lit, deux calices, un ciboire avec son couvercle, et enfin six pièces d'étoffe. Séif a donné à ses hôtes des vivres pour la route, des étoffes et des munitions; on ne saurait assez louer sa conduite. »

VII

Notre-Dame de Kamoga (Bukumbi, sur la rive méridionale du Victoria-Nyanza, le 14 août 1889.

« Si ma dernière lettre, datée de Usongo le 12 juillet, vous est parvenue, elle vous a fait savoir que nous avons abandonné Kipalapala. J'ai quitté notre maison le 29 juin, avec presque tous les bagages, accompagné de 280 porteurs et 36 enfants, tous petits ou malades. Mon départ précipité, le 30 juin, déjoua les projets des Arabes et des Wangwanas de Kuihara, qui voulaient piller la caravane. Ils arrivèrent au campement abandonné vers

midi ; mais nous avions une avance de six heures et ils ne pouvaient songer à nous rejoindre.
Sans être inquiété, je franchis le « pori » (pays
inculte et sans eau, couvert de broussailles)
si mal famé, et de là j'atteignis lentement
Usongo après avoir payé un grand « hongo »
(tribut) au « Mtemi » (prince). Une fois seulement, pendant la traversée du pori, j'entendis
retentir à droite et à gauche un cri de guerre
qui provoqua une panique générale et fit
prendre le pas de course à toute la caravane.
Cependant nous fîmes bonne contenance ; je
courus avec quelques askari (soldats) à la
queue de la colonne et, menaçant de faire feu,
je fis reculer la foule qui nous suivait. Au bout
d'une demi-heure tout était rentré dans le
calme, mais les enfants étaient horriblement
fatigués.

« A Usongo je fus accueilli amicalement
par la femme du Mtemi, et je logeai dans la
maison de M. Stokes, avec qui j'étais venu de
Zanzibar. Lui-même est en ce moment sur le
Nyanza. Au bout de trois jours les PP. Hautcœur et Chevalier arrivèrent avec les plus

grands de nos enfants. Ils avaient été sauvés comme par miracle. Séif ben Saïd les a protégés, logés pendant trois jours, et les a fait ensuite accompagner par ses gens jusqu'à Usongo.

« Nous quittâmes cet endroit le 13 juillet. Le même soir un coup de vent déchira en trois morceaux notre grande tente, ce qui nous donna bien du souci pour le reste de la route. Nous campâmes à Ngulu, puis nous traversâmes par une marche de neuf heures la plaine de Wayonga, brûlée par le soleil, ne nous arrêtant que quand nous trouvâmes de l'eau. Le lendemain nous atteignions au bout de deux heures et demie le Samui, dont le Mtemi s'appelle Masali ; mais nous étions trop fatigués pour aller plus loin. Après avoir campé sur la frontière, nous partîmes le lendemain 16 juillet pour Kuikuru (la capitale). Là nous nous écartâmes de la route, le 17 juillet. L'année d'avant le P. Girault avait été attaqué dans l'Usanda ; mais mal en avait pris aux assaillants, qui avaient perdu 5 morts. Nous ne pouvions donc passer, et il nous fallut prendre la direction de Kisumbi, Shinyanga et Nindo ; dans tous ces villages il fallut payer un hongo ; 60 à 70 dotis d'étoffe. Un doti mesure 2ᵐ,50.

« Dans l'Usongo, la partie du pays qui n'est pas cultivée est une vaste plaine brûlée par le soleil, presque entièrement dépourvue d'arbres et rendue souvent impraticable par des fourrés de mimosas épineux.

« Pendant la saison des pluies, presque toute la contrée est inondée ; en ce moment, par suite de la chaleur, le sol est entièrement crevassé, ce qui rend la marche très pénible. Nos enfants ont souffert affreusement. Nous avions trouvé à Usongo l'âne de M. Stokes ; nous avions ainsi trois de ces animaux, dont chacun portait deux ou trois enfants. Huit à dix autres étaient sur les épaules des porteurs, deux dans des hamacs. Un garçon mourut en arrivant à Nindo.

« Dans cet endroit, une erreur pharmaceutique, dont personne n'est responsable, me mit au bord de la tombe. Dès lors mon rôle dans la caravane fut fini. On attacha mon lit à une perche, et une douzaine de Wasumakas me portèrent jusqu'au campement suivant dans le pori, et de là à Sarawi, où l'on me déposa dans une hutte de nègres. Nous y restâmes deux jours, pendant lesquels je pus prendre un peu de lait; puis on continua la marche jusqu'à la frontière de l'Urima, dans la direction de Kwa Shikimayi (chez Shikimayi, nom du chef du village), où mes porteurs m'étendirent sous un rocher de granit. Au bout d'une heure vint un vigoureux Msukuma, qui m'adressa la parole dans son langage, dont je ne compris que le mot « tente » ; puis il me souleva, me porta dans le village sous la tente qui m'avait servi pour mon voyage depuis la côte, et me coucha sur le lit du P. Girault. Celui-ci était venu au-devant de nous. Près de Shikimayi commence le golfe si tortueux d'Urima, que je dois pro-chainement relever. Cette bonne tente et quel-ques friandises (des œufs et du lait) me récon-fortèrent tellement que dès le lendemain je pus faire vingt pas, appuyé sur un homme. Encore une marche jusqu'à Nkongé, où nous fîmes un séjour de deux jours. Puis une barque arriva de Bukumbi. Mᵍʳ Livinhac, informé de mon état, l'avait envoyée pour m'amener rapidement chez lui. Ces deux jours passés à Nkengé m'avaient fait du bien ; je pouvais déjà marcher seul, bien que ma tête fût aussi troublée que celle d'un homme ivre. Chose étrange, le meilleur remède pour mon état fut le vin. Pendant deux jours, je souffris d'une paralysie complète des intestins ; ce que je mangeais ou buvais, je le rendais tel quel au bout d'un quart d'heure. Alors je bus en une fois une demi-bouteille de vin, et ma guérison commença.

« Le 1ᵉʳ août je m'embarquai dans le port de Nkengé. La contrée, souvent très pittoresque, fit sur moi peu d'impression ; j'étais encore trop faible. Après une navigation à la rame qui dura quatre heures, nous abordâmes à Bukumbi. Je fis tout seul, en m'appuyant sur une lance, les vingt minutes de chemin jusqu'à la Mission de Notre-Dame de Kamoga. J'avais la tête encore trop faible pour pouvoir monter sur l'âne que l'on avait envoyé à ma rencontre, et mes membres étaient comme rompus par mon voyage à dos de porteurs. Arrivé à la Mission, je fus soigné par Mgr Livinhac lui-même. Il m'apporta de la chartreuse, du vin, du lait, des œufs, etc. ; je crains bien qu'il n'ait fait une grande brèche à nos minces provisions. Mais déjà au bout de deux jours je pouvais me livrer à quelques occupations et paraître au réfectoire. Malgré tout cependant il me fallut boire chaque jour une demi-bouteille de bon vin rouge (de la Maison-Carrée) jusqu'à ce que mes forces fussent entièrement revenues. Maintenant tout est heureusement fini.

« Ici à Bukumbi je m'occupe de travaux scientifiques et de la coupe du bois. Hier nous sommes sortis à âne pour aller voir et mesurer quelques troncs. Lundi 19 août, j'irai à Usambiro pour en déterminer la position géographique et choisir aussi des troncs d'arbres dans la forêt. La station commencée en cet endroit a été abandonnée, la population diminuant chaque jour par suite de l'émigration. Nous y avons de 15 à 20 indigènes occupés à abattre du bois ; mais ils s'attaquent aux troncs qu'on ne leur a pas indiqués ; j'y vais donc pour leur montrer le bois qu'il faut abattre. Nous y possédons une maison en bon état. Djuma, un âne de selle excellent, que ses maîtres nous ont vendu parce qu'il désarçonnait tous les Arabes qui voulaient le monter, m'y porte en quelques heures. La distance est d'environ 25 kilomètres.

« Maintenant l'animal est très doux ; nos enfants peuvent jouer entre ses jambes et le taquiner sans qu'il bouge. Son ancien maître regrette de s'en être défait, mais trop tard.

« Nous sommes actuellement seize sur la rive sud du Nyanza, et en outre quatre missionnaires anglais et M. Stokes. A trois jours de marche d'ici, il y a une station arabe et une caravane. Ces Arabes redoutent beaucoup que nous ne leur fassions payer ce qu'ils nous ont fait à Uganda, et à Kipalapala. Pendant quatre nuits ils n'ont pas dormi, s'attendant à une attaque qui pour eux aurait été fatale, tout le pays leur étant hostile. Leurs affaires vont très mal dans l'Uganda ; depuis Usongo jusqu'ici on n'entend que malédictions contre eux. Un mot de notre part, et en deux jours leur station est en flammes. Mais Dieu jugera entre eux et nous. Si l'on voulait nous inquiéter ici, les armes décideraient. Nous avons assez de fusils et de munitions, et nos jeunes gens, — car nous avons ici des adultes, — savent s'en servir. Notre maison est bien fortifiée et garnie de meurtrières. A Kipalapala on voulait nous attaquer dans notre maison ; mais, disait-on, un de ces blancs était à chaque angle, et l'attaque aurait coûté trop de monde. Ici l'on m'appelle « furdi ya bunduki » (maître du fusil) et « kimarra ndeggé » (mangeur d'oiseaux).

« Muanga a été notre hôte pendant trois mois, puis les Wagandas l'ont prié de revenir. Il l'a fait, suivi de tous les chrétiens, a battu les Arabes en plusieurs rencontres et les a assiégés dans la capitale ; tout le pays lui est dévoué. Le deuxième roi installé par les Arabes était mort des suites de la circoncision. Karema, la troisième de leurs créatures, a brûlé tous ses frères et sœurs, les enfants de Mtesa, et règne avec une telle cruauté qu'il éloigne de lui tout le peuple. Muanga lui-même a beaucoup gagné à son séjour parmi nous. Il a déclaré franchement que sa cruauté avait sa source dans certains préjugés, ou avait été inspirée par de mauvais conseillers, qui tous avaient déjà mal fini. Ses serviteurs les plus fidèles étaient, disait-il, les chrétiens, et son royaume était à l'avenir ouvert aux blancs. Actuellement trois de ses barques sont encore ici (sur la rive sud du Victoria-Nyanza) et les conducteurs en sont venus nous inviter à revenir dans l'Uganda; nous pourrions choisir dans tout le pays l'endroit où il nous plairait de nous installer. Si nous ne venions pas chez lui, il viendrait à nous avec tous ses partisans; il ne voulait plus vivre séparé de nous. — Par suite, trois missionnaires vont sans doute s'embarquer pour l'Uganda, afin d'aller voir ce qu'il en est et de distribuer les secours spirituels aux nombreux chrétiens de cette région.

« D'après un bruit parvenu ici ces jours derniers, Karema se serait enfui vers le Nord, laissant le royaume à son frère. Emin-Pacha

aurait envahi victorieusement l'Unyoro et serait tout près de la frontière de l'Uganda.
Muanga lui aurait envoyé une ambassade pour
l'informer que son royaume lui était ouvert.
Toutefois ce bruit mérite confirmation. Casati serait en sûreté près d'Emin-Pacha. Un
Arabe de Tripoli (Afrique du Nord), qui
était à leur service, a été tué à Unyoro ;
Casati aurait échappé. De Stanley je n'ai
aucune nouvelle.

« Si Dieu arrange les événements pour le
mieux, l'abandon de Kipalapala n'aura eu que
d'heureuses conséquences. Nous sommes si
nombreux ici que l'on peut continuer énergiquement la Mission de l'Uganda. En outre
nous sommes en sûreté. Les Arabes et les
Wangwanas sont détestés et devront, après la
victoire finale de Muanga, quitter leur poste
de Magu (Magu est situé à 80 kilomètres à
l'Est de nous, sur le lac). Muanga est décidé
à ne pas les souffrir sur le Nyanza ; un mot de
lui suffira pour que les Wasukumas les ex-
pulsent. Jusqu'ici il a respecté la vie des Arabes
et des Wangwanas tombés entre ses mains,

« parce qu'ils n'ont pas versé le sang des blancs, ses amis », et il veut continuer à les épargner; mais il tient à les éloigner définitivement du pays.

« Cette année, comme on le voit, la situation a bien changé. L'Uganda est arraché aux mains de l'Islam et s'ouvre aux Européens. Ceux-ci trouveront par ce pays un chemin plus direct pour se rendre de la côte au Nyanza.

« Nous pourrons par ce chemin recevoir nos approvisionnements; mais cela demandera encore quelques années. Heureusement nous avons encore des marchandises d'échange pour trois ou quatre ans; ce qui nous manquera ce seront les produits européens tels que vêtements, chaussures, thé, vin, outils, etc. Du café, nous en trouvons dans le pays même; nous en recevons plus qu'il ne nous en faut de l'Uganda et de la côte du Nyanza, où il croît à l'état sauvage. Nous remplaçons le sucre par du miel. Notre jardin nous donne des légumes et du froment qui nous permet de faire du pain de temps à autre. Un fossé long et profond amène l'eau au jardin, ce qui nous permet de le mettre en rapport en toute saison. Les indigènes nous apportent plus de riz que nous n'en employons. La viande n'est pas chère; un bœuf coûte de 20 à 25 fr. Notre pharmacie de Kipalapala, si bien approvisionnée, est arrivée ici sans le moindre accident; nous avons donc tout ce qu'il faut pour passer quelques années dans ce pays, jusqu'à ce que la route soit ouverte.

« On parle de défaites sanglantes que les Arabes auraient essuyées sur la côte. Wissmann, disait-on, avait attiré Buschiri dans un piège et l'avait complètement battu. Buschiri voulut s'en venger sur le poste allemand de Mpuapua, mais nos deux braves compatriotes, informés de l'approche de la bande par les indigènes, prirent les armes, distribuèrent de la poudre et des balles à quelques centaines de Vagogos leurs alliés, et surprenant au point du jour le camp arabe où l'on ne se doutait de rien, y firent un terrible carnage. Il n'en échappa que quelques-uns qui se dispersèrent dans la broussaille. L'un des chefs arabes ou, d'après d'autres rapports, Buschiri lui-même resta sur le champ de bataille[1].

« Si ces bruits sont fondés, et on doit le savoir en Allemagne, la route sera bientôt ouverte ; les Arabes de Tabora y ont encore plus d'intérêt que nous. Ils ont de l'ivoire dans leurs magasins, mais peu d'objets d'échange. Un « diora » (pièce de 32 mètres) de satini (mauvaise étoffe) coûte 10 piastres, juste le double du prix habituel. 20 livres de poudre (pour nous complètement inutilisable) valent 55 piastres, à 4 fr. 70 c. la piastre. Cette détresse des Arabes peut bien avoir contribué à la protection que ceux d'entre eux qui trafiquent avec la côte ont accordée au P. Hautcœur contre leurs compatriotes non négociants et contre la canaille des Wangwanas ; ils veulent se concilier la bienveillance des Européens pour que leurs caravanes puissent traverser sans encombre le territoire occupé

1. Dans ces bruits il y a du vrai et du faux. Ils se rapportent à l'assaut donné au camp de Buschiri par Wissmann (8 mai) et au coup de main tenté sur la station allemande de Mpuapua, par Buschiri, le 28 juin. Dans cette surprise, Nielsen fut tué, et le lieutenant Giese ne dut son salut qu'à la rapidité de sa fuite.

par les Allemands. Pour Séif ben Saïd, il faut cependant lui supposer des mobiles plus honorables. Il avait beaucoup de relations avec nous, nous le voyions venir chaque semaine, et il s'est toujours montré très loyal dans les nombreuses affaires que nous avons traitées ensemble. En revanche Ali ben Sultan est un coquin, de même que Sike, le Mtemi d'Unyanyembé, dont le fils a dépouillé le P. Chevalier et l'aurait même tué sans l'intervention des gens de Séif ben Saïd. Sike lui-même avait établi des postes sur toutes les routes pour faire tuer les missionnaires lors de leur départ de l'Unyanyembé; mais il ne put y réussir. Le lendemain il envoya un « mitumba » (charge d'homme) d'étoffes diverses à Uyui afin de persuader au Mtemi Canoni de renvoyer à Unyanyembé les missionnaires et les enfants. Mais Canoni, qui est un ennemi de Sike, s'y refusa. Les objets volés aux missionnaires prirent presque tous le chemin de la maison de Sike, qui s'était montré royalement bandit dans cette circonstance. Cependant, en présence des bruits relatés ci-dessus, il doit être assez mal à son aise. Il envoie souvent à la côte des caravanes d'ivoire, et maintenant que nous lui avons échappé il redoute que nous ne les fassions saisir en dédommagement du vol qu'il a commis à notre préjudice.

« On a prétendu également que « Bwana Makonga » (le voyageur africain si connu et si redouté, M. Reichard) arrivait avec plusieurs centaines d'hommes pour soumettre l'Unyanyembé aux Wadeutschi (Allemands), et, comme il l'avait promis il y a trois ans, pour planter la tête de Siké au bout d'une pique. Cela ferait grand plaisir à ses sujets, à qui il défend de se louer comme porteurs. Un poste allemand dans l'Unyanyembé exercerait certainement beaucoup d'action sur les Arabes, et l'on ne peut qu'en souhaiter la création, dans l'intérêt de la civilisation et de la sécurité des Européens. On n'aurait qu'à s'établir solidement dans notre maison, et aucune armée nègre ne serait en état d'en chasser cinquante hommes bien armés et bien disciplinés. Mais l'Allemagne est assez occupée sur la côte, aussi l'on ne peut espérer de sitôt un poste dans l'Unyanyembé.

D'autre part, un tel poste ne pourrait être considéré que comme une étape sur la route du Tanganika et du Nyanza, car l'ivoire, l'unique objet d'exportation, ne se trouve plus qu'en petite quantité entre les deux lacs. Il vient de l'Uganda, du Karagwé et du Manyéma.

« J'écrirais volontiers des lettres plus longues, mais nous devons faire nos paquets aussi petits que possible, n'expédiant que le plus indispensable en dehors de la correspondance avec les supérieurs. Pour pouvoir passer, les courriers sont obligés de tout cacher avec soin, au milieu des vivres et sous leurs vêtements, car s'ils sont reconnus pour attachés au service des blancs on les dépouille et parfois on les tue. Nous sommes tous dans le même sac, Anglais, Français et Allemands. »

Nous ajoutons de suite une lettre plus récente du P. Schynse ; elle donne des indications intéressantes sur la suite des événements dans l'Uganda et la défaite complète des Arabes.

VIII.

Zanzibar, le 4 mars 1890[1].

« Hier je fus interrompu par l'arrivée du courrier de l'Uganda. Grâce à Dieu et à la bravoure des chrétiens, l'Islam est vaincu définitivement. Au commencement d'octobre, après plusieurs combats souvent malheureux, les deux armées chrétiennes, celle du continent et celle des îles, se réunirent dans le voisinage de Rubaga. Le 4 elles attaquèrent avec 2,000 fusils et beaucoup de lances l'armée mahométane forte, paraît-il, de 5,000 fusils dont beaucoup se chargeant par la culasse, et la battirent complètement. Loin d'accepter le pardon qui leur était offert, avec la vie sauve et de bons traitements, les Arabes se fortifièrent dans les ruines de notre ancienne mission de Rubaga, où ils rallièrent pendant la nuit leurs

1. Voir la *Gazette populaire de Cologne*, édition du matin du 28 mars 1890. Le *Journal de Bruxelles* (supplément du 30 mars) a publié une longue lettre du P. Denoit sur la victoire de Muanga, sujet de la présente relation du P. Schynse.

partisans et leurs esclaves. Le 5 octobre au matin les chrétiens attaquèrent cette position; repoussés trois fois, ils pénétrèrent dans les ruines au quatrième assaut, et la victoire fut complète. Ceux des ennemis qui ne tombèrent pas cherchèrent leur salut dans la fuite. Karéma lui-même fut entraîné par la masse en déroute. Les chrétiens poursuivirent les fuyards jusqu'aux frontières de l'Unyoro; la plus grande partie des Arabes et de leurs esclaves périrent, trois furent faits prisonniers, quelques-uns parvinrent à Unyoro, où Karéma rallie ses partisans dispersés. Il a réuni de nouveau 700 hommes, avec lesquels il veut se frayer un chemin jusqu'aux Mahdistes. Kabarega, chef de l'Unyoro, lui ayant interdit de séjourner dans son royaume, Muanga envoya de suite un fort détachement sur les frontières de l'Unyoro. Le 11 octobre Muanga fit une entrée triomphale; le 12 arrivèrent les Missionnaires, le P. Lourdel et le P. Denoit. Notre maison ayant été pillée en partie et se trouvant inhabitable par suite des cadavres qui y sont entassés, Muanga a assigné aux Pères la maison habitée autrefois par Katokiro, le même qui juste un an auparavant, le 12 octobre 1888, les avait chassés de leur maison.

— *Digitus Dei est hic :* le doigt de Dieu est là.

— La première bataille fut livrée sur la colline où les chrétiens furent brûlés en 1886, le combat décisif, dans les ruines de notre Mission, et au milieu des acclamations du peuple les Missionnaires ont pris possession de la maison de leur persécuteur, ruiné par la guerre. Le 5 octobre, les chrétiens ont eu de nombreux blessés, mais cependant pas de morts, et chez les nègres les blessures guérissent presque toujours. Malgré ses pertes nombreuses pendant la guerre, notre communauté chrétienne s'est beaucoup augmentée. Un jeune homme a pu présenter aux Missionnaires 40 catéchumènes, tous parfaitement instruits; on dit que le nombre des catholiques s'est augmenté de 300 pendant l'absence d'un an des Missionnaires; c'est une assertion des Wagandas, qui est peut-être exacte. Muanga a envoyé de l'autre côté du lac une flottille à Bukumbi, et Mgr Livinhac s'est embarqué pour Uganda avec deux Missionnaires. Maintenant plus que jamais la parole du Seigneur se justifie : « La moisson est riche, mais les ouvriers sont peu nombreux. »

« Du Tanganika ne nous parviennent que des bruits incertains. L'on sait par des Arabes que ceux-ci sont entrés en lutte les uns contre les autres sur le bord du lac et que, dans un combat livré dans l'Ujiji, 24 Arabes ont été tués. »

Le séjour du P. Schynse à Bukumbi, où il était arrivé le 1er août 1889, ne devait pas être de longue durée. Lorsque Stanley et Emin-Pacha apparurent dans le Victoria-Nyanza, le Missionnaire fit rapidement ses préparatifs afin de partir pour la côte avec le P. Girault devenu à moitié aveugle.

C'est sur le voyage du lac Victoria à Zanzibar que le P. Schynse a tenu le présent journal. Les mêmes qualités que les *Peter-mann's Mittheilungen* (communications de Pétermann) vantent chez l'auteur du *Journal d'un voyage au Congo* — jugement sûr et réfléchi, don d'observation, — se montrent également dans ce récit de voyage. La narration est simple et naturelle, et elle laisse l'impression d'une fraîche réalité et d'une entière vérité. Les pays que parcourt le Missionnaire, les tribus indigènes avec lesquelles il entre en relation, les fatigues d'un voyage dans l'intérieur de l'Afrique, tout cela est décrit d'une façon concise mais parfaitement claire. Le journal présente un intérêt supérieur à partir du moment où l'auteur rencontre sur sa route Stanley et Emin-Pacha. L'expédition de Stanley, en marche depuis plus de deux ans à travers le continent noir, les compagnons d'Emin-Pacha, les deux célèbres explorateurs africains eux-mêmes nous sont présentés sous des traits caractéristiques.

L'auteur, qui est encore aujourd'hui à Zanzibar, s'apprête à entreprendre de nouveau un grand voyage dans l'intérieur de l'Afrique équatoriale. C'est sa famille qui a gracieusement mis à la disposition de l'éditeur le journal qu'il lui avait dédié. En général je le publie tel qu'il a été écrit pendant le voyage. Le récit n'étant pas accompagné d'une carte exacte du chemin parcouru, et les positions géographiques n'ayant pas été relevées, on n'a pu se servir, pour la dresser, des matériaux nombreux et nouveaux qu'il contenait. Les diverses cartes de cette partie de l'Afrique, parues dans ces derniers temps, en donnent d'ailleurs un aperçu bien suffisant. Citons entre autres la célèbre carte d'Afrique en dix feuilles, éditée par Habenicht, à l'échelle de $\frac{1}{\cdots\cdots\cdots}$, Section du territoire des Lacs (VIII), 2ᵉ édition, Gotha.

Cologne, mars 1890.

Karl HESPERS.

1

Sur le Victoria-Nyanza.

Dans ma dernière lettre datée de Bukumbi[1], je vous écrivais: « De Stanley aucune nouvelle. On dit qu'Emin-Pacha se bat dans l'Unyoro et qu'il a pénétré jusqu'aux frontières de l'Uganda. » Je ne supposais pas avec quelle rapidité ce bruit se confirmerait. Dès le lendemain du départ du courrier, nous recevions en effet la nouvelle que Stanley et Emin-Pacha, avec d'autres blancs, venaient d'arriver dans notre ancienne station d'Usambiro, et qu'ils atteignaient le même jour la maison de Makay près de Makolo, à la pointe sud-ouest de cette belle baie du Nyanza qui s'étend jusqu'au 3° Sud. Quelques jours après nous parvenait un billet d'un membre de cette expédition,

---

1. Lettre du 14 août 1889. Notre-Dame de Kamoga (Bukumbi, rive sud du Victoria-Nyanza). Voir l'introduction.

nous priant de venir en aide aux Européens dépourvus de tout, et de leur fournir vêtements, souliers, etc. Nous le fîmes, autant que nous le permettait la triste situation présente. De la côte venaient en effet les bruits les plus alarmants. Ni courriers, ni caravanes ne passaient plus, nos approvisionnements n'avaient été renouvelés qu'en partie, et le peu que nous avions reçu était plus que compensé par les pertes subies à Uganda et à Unyanyembé. Le P. Girault et moi nous fûmes chargés d'aller porter nos faibles secours à l'expédition de Stanley, et de lui transmettre en même temps les compliments de Mgr Livinhac [1] et des autres Pères. Nous trouvâmes les Européens en bonne santé près de Makay. Le P. Girault, qui souffrait des yeux, demanda une consultation au Dr Emin-Pacha, et l'examen de ses yeux fit constater que sa maladie était une cataracte, ne pouvant être guérie que par une opération. Cette circonstance devait être fatale à la continuation de mon séjour sur le Nyanza. Un beau

---

1. Le P. Livinhac, vicaire apostolique du Victoria-Nyanza; évêque de Pacando depuis le 11 septembre 1884.

matin, en effet, l'évêque me fit connaître qu'il envoyait le P. Girault à la côte avec Stanley et que je devais l'accompagner, la règle interdisant à un missionnaire de voyager seul. Comme du reste on ignorait comment la cataracte se comporterait pendant les premiers mois, il valait mieux en tout cas que quelqu'un accompagnât le malade. A vrai dire, cette nouvelle ne m'était pas précisément agréable, mais l'obéissance est le premier devoir du missionnaire. Nous fîmes donc rapidement nos préparatifs et envoyâmes demander à Stanley l'autorisation de nous joindre à lui. Mais il était parti le 16 septembre, sans que l'on connût son itinéraire. En même temps l'on apprit du canton voisin de Néra, qu'il se battait avec les indigènes. Ceux-ci l'avaient attaqué traîtreusement, avaient tué quelques-uns de ses hommes, et Stanley, après leur avoir infligé une sanglante leçon, était parti dans la direction du Sud, emmenant une partie de leurs grands troupeaux.

Cette nouvelle retarda notre départ. Nous attendîmes jusqu'au commencement d'octobre, où nous apprîmes qu'il avait choisi la route d'Usongo-Ikungu. Vite nous rassemblons nos porteurs; le 1er octobre nous expédions par terre nos ânes jusqu'à Sikimayo, nous faisons passer nos porteurs sur la rive orientale du golfe pour qu'ils se rendent de là à la maison de Makay, et le 4 octobre nous nous embarquons nous-mêmes sur notre barque Waganda[1] afin d'atteindre la même station par la traversée la plus courte. Ces barques Waganda, avec leur proue relevée et leur peinture rouge, sont plus jolies que solides. Une barque de ce genre, longue de 15 à 20 mètres, et large de 1 mètre à 1m,75, consiste en une quille considérablement prolongée à l'avant et à l'arrière; de chaque côté de la quille sont adaptées deux planches, en sorte que tout le bateau se compose de cinq pièces de bois. Mais comme elles ne tiennent ensemble que par des fibres de palmier et que les trous percés pour le passage de celles-ci ne sont qu'imparfaitement bouchés, il faut vider constamment l'eau qui

1. Waganda : habitant de l'Uyanda. On dit de même Ukerewe et Wakereve, Usumaka et Wasumaka, etc.

ne cesse de s'introduire, et boucher à nouveau les trous qui se sont ouverts. En outre la légère embarcation a beaucoup à souffrir des vagues toujours fortes du Nyanza, et pendant les tempêtes il arrive souvent que le choc répété des vagues brise les fibres de palmier, et que toute la barque se divise en ses cinq parties, au grand détriment de ses passagers. Notre barque heureusement n'est pas exposée à cet accident. Nous y avons ajouté des crampons, en sorte que les cinq planches sont solidement rattachées l'une à l'autre ; mais il nous faut toujours songer à l'épuisement de l'eau et un homme en est spécialement chargé.

L'évêque et les autres missionnaires nous accompagnèrent jusqu'au rivage ; nous prîmes congé d'eux, peut-être pour la vie, implorâmes une dernière fois notre Père à tous, en lui demandant sa bénédiction, fîmes ranger nos 20 rameurs et partîmes. C'était avec mélancolie que je jetais un regard sur les hauteurs qui protégeaient notre maison. Reverrai-je jamais Bukumbi ? Et en admettant que Dieu m'y ramène, y retrouverai-je tous ceux avec

qui depuis un an j'ai partagé la joie et la peine,
à Unyanyembé et ici? Ou bien un jour serai-
je surpris par la nouvelle que Bukumbi est
détruit, que les missionnaires y ont été massacrés, que les enfants ont été rendus à l'esclavage? Dieu veuille protéger notre chère
Mission, ses missionnaires si heureux de leur
dévouement, et ses chers enfants! Les temps
sont durs, de sombres nuages s'entassent à
l'horizon, et le danger que je ne peux plus
partager me semble doublement menaçant.
Il y a trois jours on disait que les Arabes de
Magu avaient offert à Muanga 300 fusils, pour
qu'il chassât les missionnaires et pillât leur
maison. On ignore s'il y a quelque chose de
vrai dans cette nouvelle, mais que de semblables bruits puissent se répandre, c'est déjà
là un bien mauvais signe.

Il est vrai que je laisse aussi derrière moi de
belles espérances. Muanga a puisé chez nous
de meilleurs sentiments, et depuis ses premiers
succès il a déjà envoyé des messagers, chargés
d'inviter les missionnaires à venir le trouver.
« Si vous ne venez pas », disait-il à la fin de

sa lettre, « je viendrai m'installer près de vous avec mon peuple, car je ne puis plus vivre sans vous. » Si Dieu lui accorde la victoire finale, comme il faut l'espérer, les missionnaires trouveront dans l'Uganda un vaste champ pour y exercer leur activité. Les Wagandas sont l'unique tribu chez laquelle se fasse sentir une tendance générale à adopter la morale chrétienne. Cette tendance fut entravée par la révolution préparée et accomplie par les Arabes ; les chrétiens durent prendre la fuite ; mais sous la conduite du catholique Honorat ou plutôt, comme le peuple l'appelait, du « petit oiseau » tombé malheureusement trop tôt dans un combat victorieux, ils reprirent l'offensive, rappelèrent Muanga et infligèrent plusieurs défaites aux Arabes. Ce fut dans un de ces combats, — le plus décisif, — que le « petit oiseau », ayant pénétré au milieu des rangs ennemis, y trouva la mort. Mais la consternation amenée par ce malheur ne fut que de courte durée, et la victoire resta aux guerriers chrétiens, fidèles à leur roi et à leur patrie. Karéma est un forcené sans pareil. Il a fait exterminer (brûler) toute la famille de Mtesa; ses Wagandas, il les a offerts par milliers à ses protecteurs les Arabes; c'est-à-dire qu'il a assigné à ceux-ci, dans son propre pays, des territoires où ils pourraient faire la chasse aux esclaves, changeant ainsi le beau pays d'Uganda en un vaste désert. Mais à la suite des victoires remportées par les chrétiens il s'est bientôt trouvé réduit avec les Arabes à sa capitale, dans laquelle l'assiège l'armée de Muanga, qui a été reconnu par toutes les provinces. D'après un bruit encore incertain, il est vrai, Karéma aurait pris la fuite et Muanga se trouverait ainsi sans rival.

Si ce bruit se confirmait, les bandes rapaces des Arabes de Magu n'auraient plus à songer qu'à leur propre sécurité; car Muanga qu'ils ont si mal traité, qu'ils ont fait prisonnier et dépouillé, a bonne mémoire, et il lui suffit d'une simple menace pour amener les Wasakumas à détruire Magu. (Déjà maintenant l'Arabe est partout détesté au nord de l'Unyanyembé.) Ou bien il pourrait en huit jours réunir quelques milliers de guerriers Wagandas

sur plusieurs centaines de barques, et leur
faire traverser le lac pour détruire ce nid de
vipères où tant de milliers de ses sujets gémis-
sent dans un misérable esclavage. Dans ces
derniers temps surtout, pour les motifs indiqués plus haut, Magu a toujours regorgé d'esclaves Wagandas ; et les Arabes qui l'habitent,
ainsi que les Wangwanas, ont préféré laisser
dépérir misérablement leur marchandise humaine plutôt que de nous la vendre. Ils savent
que le chrétien est leur ennemi naturel. La ran-
cune est un vilain défaut, et chez un missionnaire qui doit apporter et prêcher la paix il ne
doit en exister aucune trace ; cependant j'aurai
peine à réprimer un mouvement de joie si
jamais le jour de l'expiation se lève pour ces
bandits. Il y a bien quelques nobles caractères
parmi les Arabes, et c'est à ceux-là que les missionnaires d'Unyanyembé doivent en grande
partie leur salut. Chez eux, la bonté naturelle
et la noblesse qui sont le fond du caractère
arabe ont triomphé des mauvaises qualités
implantées et inoculées par l'Islam. Mais chez
les autres, ce sont ces défauts qui dominent,

et chez les Wangwanas élevés par les Arabes non seulement ces défauts apparaissent, mais encore on ne trouve aucune trace de la magnanimité et de l'hospitalité de leurs maîtres. Les pires, ce sont ces métis à qui l'éducation arabe a donné une certaine supériorité sur le nègre, et chez qui cette supériorité n'amène qu'un développement plus raffiné de leur caractère Wangwana.

C'étaient ces pensées et d'autres analogues qui sans doute nous occupaient tous les deux, tandis qu'assis en silence l'un en face de l'autre, près du gouvernail tenu par un jeune nègre (un des enfants que nous avions arrachés à l'esclavage), nous écoutions le chant monotone, à la vérité, mais cependant agréable de nos rameurs. Ceux-ci du reste cherchaient à se donner du courage, car une grande partie d'entre eux appartient à la troupe de porteurs qui doit nous accompagner jusqu'à la côte, et pour ces enfants de la nature qui n'ont jamais dépassé les frontières du Bukumbi un voyage au légendaire « Pwani » (Zanzibar) d'où viennent toutes ces belles choses, étoffes, perles, armes, est une affaire bien plus importante que pour nous autres, qui avons déjà passablement erré en Afrique, et à qui même ce voyage ne paraît pas exempt de dangers. Comment serons-nous accueillis par les tribus voisines de Néra, entre le Nyanza et l'Usongo, qui sont peut-être excitées contre les blancs par des rapports mensongers? Stanley a-t-il été obligé de se battre en d'autres endroits que Néra, nous rendant ainsi le passage impossible, ou bien au dernier moment a-t-il changé son itinéraire, se dirigeant vers l'Est où nous ne pouvons nous risquer à le suivre avec nos dix fusils et nos vingt hommes? Comment pourrons-nous éviter les populations révoltées de la côte? Stanley pourra-t-il se frayer un chemin? Mais nous sommes maintenant en route, fions-nous à la Providence divine, elle nous accompagnera et nous protégera.

Le soleil baissait lentement vers l'Ouest (il était déjà midi au moment de notre départ) lorsque nous vîmes les montagnes rocheuses de Bukumbi disparaître derrière un promontoire. A l'Est s'ouvrait devant nous le vaste golfe qui s'étend jusqu'à Néra et à l'entrée duquel se trouvent quelques îles rocheuses. Seule, une rare verdure orne ces îles, ainsi que les monts métalliques de Mueri à l'Ouest. Les premières pluies commençaient alors à gonfler les jeunes bourgeons, tandis que la rive du lac était bordée par la sombre verdure des fourrés de papyrus.

Au pied de ces monts Mueri, à environ cent mètres du rivage, se trouvent deux petites îles plates et rocheuses, où les racines d'arbres descendues jusqu'au niveau de l'eau entretiennent constamment une fraîche verdure. L'une d'elles, que l'on peut appeler l'île des Crocodiles, a été choisie par ces animaux pour venir y faire leur sieste. Il y a quinze jours, j'ai déjà troublé désagréablement le sommeil de ces monstres, en faisant glisser l'un d'eux de son banc de rochers, la tête fracassée. Aujourd'hui nous y vîmes de nouveau plus de vingt de ces horribles bêtes ; la plus petite pouvait bien mesurer encore au moins dix pieds. A l'approche de la barque les crocodiles se précipitèrent bruyamment dans l'eau, mais l'un d'eux plongé dans un sommeil trop profond resta couché sans mouvement, ouvrant une vaste gueule d'où sortaient des dents formidables. Un coup de feu l'éveilla, mais grièvement blessé il ne put arriver jusqu'au rivage et resta suspendu entre les rochers. Comme ses camarades entouraient la barque, je visai la tête du plus grand, qui ne dépassait que de deux doigts la surface de l'eau. Une seconde après le coup partait et les débris du crâne jaillissaient au loin. L'animal tourna plusieurs fois dans l'eau, frappa l'air de ses pattes et de sa queue, et s'enfonça. Une légère ondulation à la surface indiqua encore pendant une minute la place où il se tordait au fond de l'eau dans les affres de la mort, puis les vagues du Nyanza recommencèrent à rouler paisiblement.

« Quel dommage, dit le « Nyampara Mu« nyamduru », que ce fusil et son maître quit« tent le pays. Les Arabes n'oseraient jamais « vous attaquer, et c'en serait bientôt fait des « crocodiles. » La guerre n'est point notre fait, lui avons-nous répondu. Peut-être d'autres

blancs viendront-ils un jour pour punir les Arabes, et vous délivrer d'eux et des crocodiles. — « Oui, des Wazungu [1] Wakali [2] comme
« Limatendélé (Stanley) et les autres, qui ont
« donné une leçon aux Banera. Maintenant
« nous avons vu des « Wazungu Watamu »
« (bons Européens) et des « Wazungu Wakali »
« (méchants Européens). Nous croyions jusqu'à
« présent qu'ils étaient tous « tamu » (vache
« à lait) ; mais Limatendélé (Stanley) n'a que
« du plomb et pas de lait. Ce doit être un
« M'Deutschi (Allemand), ils sont tous Kali. »
— Et ils continuèrent à chanter à tour de
rôle : « Ramez vigoureusement, Bukumbis, le
« port est proche, là nous mangerons et nous
« dormirons, et ensuite nous accompagnerons
« nos Wazungus à la côte. » — A trois heures,
des plantations de bananiers nous signalèrent
le village de Madonga, fils aîné et maintenant
unique de Ruoma, prince du Mueri. Il est situé derrière un promontoire près duquel une
baie de cinq à six kilomètres s'enfonce dans

1. Wazungu, Européen.
2. Kali, méchant.

les terres. Son frère Lukama, devant le village duquel nous avons passé, était mort quatre semaines auparavant, empoisonné, disait-on, par sa tante. Le peuple tout entier l'aimait, et il avait mérité cette affection par son caractère généreux et brave. Un mois avant sa mort il avait renvoyé sans le punir un empoisonneur convaincu d'avoir voulu attenter à sa vie; mais un second scélérat avait détruit l'espoir de la tribu des Mueri. Son frère Madonga, inconsolable, a brûlé tout ce qui appartenait au défunt; mais le peuple compte peu sur lui, et le vieux Ruoma est trop faible de caractère pour maintenir l'ordre. Aussi les Mueri cèdent-ils la place aux Wangonis et autres tribus voisines, qui les envahissent, et ils émigrent en masse de l'autre côté du golfe, malgré la défense du vieux Ruoma.

Madonga était justement assis sous un arbre, entouré d'une foule de peuple; il donnait audience. Pour aller jusqu'à lui c'était un détour d'environ 500 mètres qui nous parut trop long, et nous préférâmes nous éloigner en nous tenant au milieu du lac. Là, au fond de la baie, se dresse un petit pic qui autrefois formait presque une île ; mais aujourd'hui le lac s'est tellement retiré que le rocher est entouré de sable. Un peu au Sud une rivière se jette dans le lac ; mais elle est en ce moment à sec, bien que l'on prétende qu'on y trouve toujours de l'eau sous le sol. A quatre heures nous aperçûmes sur la rive orientale les palmiers qui annonçaient M'Kengé, le port où, il y a plus de deux mois, je m'embarquais pour Bukumbi, faible et malade. Comme le pays me parut tout autre qu'à cette époque où, pouvant à peine rester assis, j'appelais de tous mes vœux le terme du voyage. Enfin nous traversâmes rapidement le lac et nous abordâmes à cinq heures près de Sumi, après avoir à grand'peine fait passer notre barque dans des fourrés de papyrus et de roseaux.

Le peuple nous accueillit amicalement, car le P. Girault est le « frère de sang » du vieux Ruoma, et partout bien connu. Sumi est aussi le port de cette station d'Usambiro, située à cinq lieues dans l'intérieur des terres, et que nous avons dû, hélas ! abandonner, la population ayant émigré en masse pour échapper aux incursions des brigands Wangoni, et le pays étant devenu un désert. Cinquante bons fusils suffiraient pour ramener dans ce pays la sécurité et la prospérité. A Sumi nous vîmes des signes manifestes du deuil du pays; depuis la mort de Lukama aucun coup de feu n'a été tiré, aucun tambour n'a résonné à Muéri. Tous regardent l'avenir avec inquiétude et observent Madonga, se demandant s'il va s'amender.

Les cabanes des Muéri ressemblent à des ruches; elles sont faites en gazon avec une entrée couverte, semblable à une lucarne. Petites et sales, elles ont à peine trois ou quatre mètres de large. La population cultive beaucoup de manioc, et dans les endroits où la disposition de la rive le lui permet, dans la terre humide des bords du lac, elle plante des bananes et des patates, mais peu de mutama (sorgho). Sur le rivage nous voyons un tas de beau minerai de fer, que l'on transporte de là sur les différents points de la côte et dans les îles, principalement à Ukéréwé. La production du fer était une des sources principales de la prospérité antérieure de l'Usambiro, des caravanes y venaient de très loin pour acheter des pioches, acceptées partout comme monnaie. Aujourd'hui les forges ont presque disparu; fort peu seulement de hauts fourneaux très primitifs sont encore en activité; et les prix ont haussé en conséquence. La plus grande partie des Balongos (tribu des forgerons) a émigré vers l'Ouest. C'était aussi en considération de ces richesses minérales que nous avions fondé notre station de l'Usambiro; nous regardions le travail du fer comme un bon métier assuré à nos enfants, une fois qu'ils seraient devenus grands. Peut-être était-ce une illusion de notre part, mais nous pensions que nos jeunes gens, avec de bons outils et un matériel perfectionné, réussiraient à fabriquer de meilleures marchandises que ne le faisaient les Balongos avec leurs outils défectueux et leurs procédés primitifs, retirant du minerai à peine la moitié du métal qu'il contient réellement. Ce fer produit au charbon de bois est très malléable et très tenace; un clou, par exemple, peut être tordu et redressé plusieurs fois sans en être plus mauvais.

La nuit fut fraîche, mais si nous avions espéré que cette fraîcheur nous procurerait un sommeil réparateur, nous avions compté sans notre hôte, c'est-à-dire sans les millions de moustiques qui sortirent le soir des fourrés de papyrus et auxquels il nous fallut donner l'hospitalité. (La monnaie du pays consiste en petites perles rouges, blanches, etc.)

5 octobre. — Au lever du soleil nous prenons congé de nos villageois, puis ayant heureusement fait sortir notre barque du fourré nous partons de nouveau à la rame dans la direction du Sud; un peu au-dessous de Sumi, le lac devient beaucoup moins large et moins profond (de 2 à 4 mètres). Nous cherchons le débarcadère de la mission anglaise. Une belle construction, destinée aux équipages de M. Makay, nous montre l'endroit, car autrement il n'est pas facile de distinguer dans la muraille de papyrus la brèche à peine large de deux à trois pieds qui donne accès à un port. Cette fois cependant nous découvrons le passage

menant à la terre ferme, mais lorsque nous voulons aborder nous trouvons l'étroite place de débarquement occupée par une barque Ukéréwé lourdement chargée de mutawa (sorgho) et de poissons, mais de l'équipage aucune trace ! Nous faisons donc pousser la barque en pleine eau par quelques-uns de nos hommes, et nous abordons. L'énigme fut bientôt éclaircie. Nous arrivions dans une barque Uganda, et comme les Wagandas (habitants de l'Uganda) sont redoutés sur tout le lac, les Wakéréwés n'attendirent pas notre approche, ce qui leur aurait permis de constater que nos paisibles Wasukumas n'étaient pas des guerriers Wagandas, avides de carnage. Laissant là barque et chargement ils s'étaient hâtés de s'enfuir dans le fourré. Comme les lièvres de la fable, nos Bukumbis, qui ne sont rien moins que courageux, s'amusèrent fort de la terreur qu'ils avaient inspirée aux Wakéréwés, et leurs bruyants éclats de rire informèrent aussitôt ceux-ci de leur erreur.

Ils revinrent à leur barque. Celle-ci, comme toutes les barques Ukéréwés, était autrement construite que la nôtre. La quille se composait d'un canot creusé dans un seul tronc d'arbre (mkora). Ce canot était un peu élevé et fortement élargi par des planches posées dessus et reliées au moyen de fibres de palmier. Ces barques Ukéréwés sont donc très larges par rapport à leur longueur ($2^m,50$ à 3 mètres sur 8 à 10 mètres). C'est sur ces barques que les Wakéréwés visitent toute la partie sud de Nyanza, échangeant leurs produits, sorgho, poisson, chèvres et moutons contre des étoffes et surtout des pioches. Nos gens allaient chercher ces dernières et le minerai de fer dans l'Usambiro. Du reste, les Wakéréwés doivent dans chaque port payer au chef du village un droit variant de 1 à 3 p. 100, et moyennant lequel il leur est permis de faire le commerce.

Une fois à terre, nous répartîmes nos bagages entre les porteurs et prîmes le chemin de la mission anglaise, située à une heure et demie au Sud-Ouest sur une petite éminence. Notre route nous conduisit un certain temps à travers une plaine recouverte encore récemment par le lac et qui s'élevait lentement jusqu'à la maison de M. Makay. Celui-ci nous accueillit, selon son habitude, de la façon la plus aimable ; son compagnon souffrait un peu de la fièvre. M. Makay est un homme d'un savoir très étendu, et qui est déjà depuis onze ans sur les bords du Nyanza. Pour l'instant il s'occupe à construire un petit vapeur. Il a réuni dans la cour à peu près tout le bois nécessaire, et dans ce but il s'est façonné une bonne charrette, peut-être un peu lourde. La machine attend depuis des années d'être utilisée, car il y a longtemps que M. Makay s'occupe de ce projet ; mais dans l'Uganda il ne lui a pas été possible de le mettre à exécution. Pour exercer ses charpentiers, il leur fait transformer en ce moment une barque Waganda en un canot à voile. Son atelier, le plus beau bâtiment de la station, est très bien monté. (Les chambres d'habitation sont encore un peu primitives.) Toute la station est entourée de palissades, mais les officiers anglais prétendent que ce « boma » (enceinte fortifiée) est mal disposé au point de vue stratégique, et aurait besoin d'une garnison relativement nombreuse. Le but principal d'un pareil « boma » n'est du reste que de tenir à distance les bêtes fauves et les voleurs. On ne pourrait songer à y soutenir un siège, ne fût-ce que par ce motif que la station est absolument dépourvue d'eau. Celle que l'on a, et qui est encore assez mauvaise, il faut l'aller chercher bien loin.

Nous trouvâmes nos ânes chez M. Makay, et nos porteurs y arrivèrent le soir. Après avoir tout préparé pour le lendemain, nous allâmes nous reposer dans la salle d'école, mise à notre disposition. M. Makay avait acheté aux Wangwanas de Stanley un certain nombre de jeunes esclaves. Parmi eux se trouvait aussi un personnage dont Stanley avait fait cadeau à notre hôte : c'était un Watwa, nain d'un certain âge, et sa femme. Ce garçon, aux yeux très méchants, est régulièrement conformé et mesure environ 1^m,35. A sa taille et à ses traits nous l'aurions pris pour un enfant de treize ans, si nous n'avions su qu'il était déjà le père de trois autres. Sa femme est plus grande de trois ou quatre centimètres.

II

Du Victoria-Nyanza à Usongo.

6 octobre, dimanche. — De Makola à Shikimayi, 2 heures et demie de marche ; de Shikimayi à Sarawi, 5 heures.

Après la sainte messe, nous partons vers
7 heures, M. Makay nous accompagne un
bout de chemin pour nous conduire chez Makolo, chef tributaire de Ruoma. Ce chef a
construit son village entre de grands blocs de
granit et à certains endroits l'a entouré de
nombreuses palissades ; l'enceinte du boma
est pourvue à l'intérieur d'une sorte de fossé
destiné aux tireurs, de sorte qu'on ne peut
parvenir à la hutte servant de palais, que sous
la conduite de gens bien au courant de la to-
pographie de l'endroit. Makolo sortit de sa
case appuyé sur deux hommes, et se laissa
lourdement tomber sur un « kiti » (petit

siège façonné dans un bloc de bois). Il souffre d'une douloureuse maladie du genou, et comme il préfère les remèdes de ses sorciers à ceux que Makay lui propose, il ne guérira sans doute jamais. Après un court arrêt nous prenons congé de Makolo, puis, ayant remercié M. Makay de son hospitalité, nous continuons notre route.

Nous nous élevons lentement jusqu'à la plaine entre des roches de granit toutes rondes, traversant à pied sec l'extrémité sud-ouest du golfe. Çà et là seulement se trouvent encore dans les roseaux et les fourrés de papyrus des mares isolées, refuges de nombreux hippopotames. Ailleurs le sol marécageux s'enfonce sous les pieds, en sorte que nous ne pouvons nous servir de nos ânes ; mais tout cela aussi disparaîtra, si le lac continue à se retirer pendant quelques années dans la même proportion. Cet abaissement de niveau doit-il être attribué à des variations du cours du Nil ou à une série d'années de sécheresse ? C'est ce que l'on ignore. Le vieux Kiganga, mtémi de Bukumbi, est en train d'installer une plantation de bananiers sur le rivage du lac, et m'a dit que dans son enfance il avait vu là de très beaux bananiers, mais que le lac était revenu et avait tout détruit. Cela plaiderait en faveur de la deuxième supposition. Du reste on a aussi observé un élèvement et un abaissement de niveau sur le Tanganyka.

La rive sud-est du golfe appartient au territoire d'Urima, où l'on nous fit payer si cher le passage il y a deux mois.—Après une marche totale de deux heures et demie depuis la station de Makuy nous atteignons Lubili, le village de Manangua Shikimayi ; ce village est plus connu cependant sous le nom de Manangua. Cette fois Shikimayi ne demande rien, et nous souhaite bon voyage et prompt retour. Aussi nous ne nous arrêtons pas plus longtemps et continuons notre route.

Bientôt nous laissons derrière nous les collines et les blocs de granit de l'Urima, et nous entrons dans la plaine située entre Msalala et Néra. Une broussaille épineuse interrompt par endroits la monotonie de ce désert, couvert de « migongoas » isolés, et cette broussaille ne commence pas à verdir comme sur les bords du Nyanza. Nous marchons cinq heures vers le Sud, exposés à l'ardeur du soleil, sans ombre, foulant un sol noir et brûlant; nos porteurs ne peuvent stationner sur ce sol sans éprouver sous leurs pieds nus une sensation de brûlure; aussi dansent-ils comme des ours. Dans le fourré épineux se sont installés çà et là des forgerons, qui auront vite détruit pour en faire du charbon, les rares arbres du pays. Toute cette plaine était autrefois couverte par le lac; à la saison des pluies elle est infranchissable, les masses d'eau des monts Néra, situés à l'Est, et des collines N'kata, situées à l'Ouest, n'ayant pour ainsi dire pas d'écoulement. En ce moment le sol est fendu et crevassé, ce qui rend la marche très pénible. Dans quelques creux se trouve encore de l'eau sur laquelle nos porteurs altérés se précipitent avidement, car c'est le premier jour de marche, et ils ne sont pas encore entraînés. En outre les Bukumbis en général ne sont pas habitués à voyager.

Après une marche fatigante de cinq heures nous arrivons chez les Sarawis, la première tribu importante des Msalala. Nous voulons établir notre campement près du principal village (Ikuru, capitale), mais le « mwana Nkengélé », le « msikuru » (lieutenant) du « mwimu » (roi) de Msalala, nous invite à nous installer dans le village même. Nous dressons donc notre tente à l'intérieur du tembé. Celui-ci forme un carré plus ou moins régulier. Les côtés se composent de longues constructions en forme de corridors, faites de branches entrelacées et recouvertes d'argile, hautes de 2 à 3 mètres et larges à l'intérieur de 3 à 5. Le toit consiste également en un enchevêtrement de brindilles avec une épaisse couche d'argile. Le tembé forme ainsi une petite forteresse, complètement entourée, n'ayant qu'une entrée, et assez bien abritée contre le feu par la couche d'argile. A l'intérieur se trouvent des huttes couvertes en paille et protégées contre l'attaque et le feu de l'ennemi par le tembé, qui joue le rôle de nos casemates. Les villages particulièrement exposés par leur situation sur la frontière sont protégés par des tembés à double ou triple enceinte, et les espaces

situés entre les diverses lignes de circonvalla-
tion servent à loger les troupeaux de bœufs.

Quand nous traversâmes le Sarawi au mois
de juillet, Ikuru n'avait qu'une enceinte. Dans
l'intervalle on en avait construit une seconde,
et de même nous vîmes dans d'autres villages
Sarawis que l'on se mettait sur le pied de
guerre, que l'on élevait des palissades, etc.
Nous pensions que l'expédition de Stanley en
était la cause, mais bientôt nous remarquâmes
que les divers villages sont jaloux du msikuru.
Celui-ci a seul droit au hongo (impôt douanier),
mais les autres mananguas veulent aussi avoir
leur morceau, et chacun cherche à renforcer
sa position afin de pouvoir mettre à contribu-
tion les caravanes qui passeront.

Le msikuru nous raconta que beaucoup de ses
compatriotes lui en voulaient, à lui et à nous,
ses amis, mais qu'il y mettrait ordre le lendemain. Il les placerait dans l'alternative ou de
nous laisser passer tranquillement, ou de se
battre avec lui. Si, comme il le craignait, les
mécontents préféraient ce dernier parti, il
nous ferait traverser le Sorao, où nous aurions

il est vrai à payer un fort hongo, mais où nous pourrions voyager tranquillement. Comprenant qu'il avait l'intention de nous arracher un hongo, malgré la coutume de ne pas rançonner les caravanes qui se rendent à la côte, nous lui avons donné quatre dotis (le doti vaut $2^m,50$ d'étoffe), mais il nous a fallu attendre le lendemain jusqu'à une heure qu'il eût arrangé l'affaire.

7 octobre. — De Sarawi jusqu'au campement dans le pori[1], quatre heures.

Le msikuru nous a annoncé que nous pouvions partir tranquillement, quelques-uns de ses gens nous protégeraient. Nous n'avions pas besoin de cette escorte, car aucun ennemi n'était en vue, et les deux petits villages devant lesquels nous devions passer étaient trop peu importants pour que l'on eût à craindre d'eux aucune attaque. Les trois jeunes gens qui nous avaient été adjoints déclarèrent au bout d'une heure de marche que nous étions

---

1. Le pori est une contrée sans eau et inculte, couverte de broussailles.

en sûreté, et s'en retournèrent. Jusqu'à cinq
heures nous marchâmes de nouveau dans la
même plaine couverte d'herbes, desséchée par
le soleil, au sol brûlant et crevassé. A ce moment nous fûmes surpris par une pluie légère.
Nous établîmes notre camp à six heures près
d'une mare à sec. L'eau que nous apportions
suffit à nos propres besoins ; nos porteurs aussi
avaient eu soin de s'en munir, mais comme
ils en avaient bu la plus grande partie en route,
ils durent s'endormir sans boire. Pour nous
protéger contre les bêtes féroces, nous construi-
sîmes un petit boma en broussailles épineuses ;
puis nous nous couchâmes tranquillement,
nous fiant plutôt à la Providence divine qu'à
notre boma et à la vigilance de nos gens.

8 octobre. — Du campement dans le pori à
Nindo, cinq heures. — Après une térékéza[1] on

―――――

[1] « Kutérékéza » signifie faire cuire les aliments et
marcher pendant l'après-midi. On emploie habituellement
ce procédé quand on doit traverser des contrées privées
d'eau. Les porteurs apprêtent leur nourriture, emportent
de l'eau et marchent jusqu'au soir. Dans le pori on dort,
afin de pouvoir partir à l'heure propice et d'atteindre l'eau
dans la matinée.

n'a pas besoin d'exciter les porteurs à la marche ; leur provision d'eau étant épuisée, ils ne peuvent trouver de quoi calmer leur soif qu'en allant de l'avant. A cinq heures et demie nous étions donc tous sur pied, et nous arpentions gaillardement, dans la fraîcheur du matin, la plaine ouverte devant nous. A droite et à gauche de grands troupeaux d'antilopes et de zèbres se montrent à une distance de 500 à 800 mètres, mais nos vêtements blancs, visibles de loin, nous empêchent de les approcher, et nulle part il n'y a de buisson derrière lequel on puisse se dissimuler. Ces troupeaux se composent d'animaux de différentes espèces, et une antilope brune, de la taille d'une biche, semble leur servir d'éclaireur. Dès que cet animal aperçoit au loin quelque chose d'insolite, il prend aussitôt la fuite, entraînant tous les autres après lui. Après quelques tentatives infructueuses je renonçai à la chasse et pris la tête de la colonne. Du reste nous n'étions pas sans inquiétude. Les pâtres Néras amènent souvent leurs troupeaux dans cette vaste plaine herbeuse ; or, après les incidents du passage de Stanley à travers le Néra, une rencontre avec une pareille bande n'aurait pas été à souhaiter pour nous, et l'éparpillement de nos forces eût été dangereux. Cependant, quelque loin que nous regardions, pour découvrir la présence d'un ennemi dans cette vaste plaine, qui s'étend vers l'Est à une distance de 7 à 10 kilomètres jusqu'aux monts Néra, nous n'apercevons rien d'inquiétant ; çà et là se montre un troupeau qui, après un examen plus attentif, se trouve être une harde d'antilopes ou de zèbres. Vers neuf heures enfin nous atteignons un léger taillis, et bientôt après un épais fourré où nous n'avons plus rien à craindre des pâtres Néras.

A 10 heures et demie nous franchissions les champs de sorgho du Nindo, déjà privés de leur récolte, et nous établissions notre tente à Kuikuru (la capitale). Nindo appartient tout comme Sarawi au district de Msalala, et il est administré au nom du mwimu de Msalala par un msikuru (Kagunu), ancien esclave qui a su s'attirer la bienveillance de son maître. Ce msikuru semble vouloir justifier cette faveur, car Nindo, de même que Sarawi, est, sur la route du Nyanza, l'endroit le plus redouté des caravanes pour son hongo. De deux à quatre cents dotis y sont d'usage, mais la plus grande partie n'arrive pas sans doute entre les mains du mwimu. On nous raconte que celui-ci a fait des reproches à son représentant au sujet de ces procédés spoliateurs, mais ils ont été inutiles, car le lieutenant y trouve son compte et n'a pas encore rencontré son maître. Le msikuru nous accueillit très amicalement, et vint sous notre tente pour nous faire visite et voir ce que nous avions, afin d'établir d'après cela ses exigences. Une petite défense d'éléphant, appartenant à un des porteurs, lui fournit l'occasion de demander combien nous avions d'ivoire; à la vue de nos fusils, il voulut savoir si nous en avions d'autres. En même temps il inspectait notre cuisine et notre literie. Il me semble posséder de grandes dispositions pour l'emploi de douanier, et se trouver ainsi parfaitement à sa place. Au point de vue où se place le mwimu, sa nomination a été heureuse, mais les caravanes n'ont pas plus que nous à s'en réjouir. Tout l'après-midi nous fûmes gênés par une foule importune d'habitants du village qui ne nous laissèrent absolument aucun repos, critiquant et raillant, plus que nous l'avions vu faire ailleurs, toutes nos actions, nos prières, nos lectures, notre manière de manger, etc. Au soir le msikuru nous fit savoir qu'il demandait trente dotis d'étoffe, deux fusils, un sac de poudre, une boîte de capsules, deux chemises de flanelle, deux assiettes, une tasse et divers autres objets. Une pareille exigence était impudente. Il demandait la moitié des étoffes avec lesquelles il nous fallait arriver jusqu'à la côte, et de tout le reste nous n'avions que le strict nécessaire. Mais avec de pareils gens les arguments raisonnables ne servent à rien ; inutile de lui dire, par exemple, que ce n'était pas l'usage de payer un hongo en allant vers la côte ; que l'eau coulait vers le Nyanza, mais n'en revenait pas ; que de même le blanc apportait des biens (mali) dans le pays, mais n'en emportait aucun vers la côte, etc. Rien n'y fit. Après avoir marchandé jusqu'à 10 heures, nous décla-

rûmes : « C'est bon, nous lui donnerons ce qu'il
« demande, mais si nous périssons en route,
« soit de faim, puisque le msikuru nous enlève
« nos étoffes, soit par ruga-ruga, puisqu'il nous
« prive de nos fusils et de nos munitions, soit
« de froid, puisqu'il nous vole nos chemises et
« nos couvertures, alors tous les blancs diront
« que le msikuru de Nindo en est cause, et si
« un jour les askaris (soldats) de Bwana Kihe-
« mera Risasi ou les Wadoutschi (Allemands)
« viennent dans le pays, tout le monde saura
« pourquoi. » Là-dessus il renonça aux fusils,
aux chemises, aux couvertures et aux munitions, et se contenta de 27 dotis et d'une as-
siette. Le doti valant actuellement 6 marks
(7 fr. 50 c.), notre passage sans bagages nous
coûtait donc 180 marks (225 fr.).

Qu'une certaine redevance soit payée aux
chefs du pays, c'est dans la règle ; mais que des
coquins changent cette redevance en un vol véritable, c'est ce qu'on ne peut souffrir. Il n'y a
plus place pour l'Européen dans l'Afrique équatoriale s'il peut y être rançonné impunément et
obligé par-dessus le marché de recevoir et de

donner des assurances d'amitié. Lorsque nous avons traversé le Nindo au mois de juillet, nous avons donné 200 dotis, des fusils, des munitions, etc., en tout environ 1,400 marks (1,750 fr.), et aujourd'hui le msikuru nous affirme qu'il était absent à cette époque, autrement il nous en aurait coûté 400 dotis. A Sarawi on nous demanda 250 dotis, des armes, de la poudre, etc., soit 1,750 marks (2,125 fr.). Nous avions quitté Unyanyembé avec 184 charges, dont 100 ballots d'étoffes. De ceux-ci, 10 furent employés au paiement de nos porteurs, 5 à leur entretien et à la nourriture des 55 enfants et des 4 blancs, 26 en hongos, sans parler des armes, de la poudre et des étoffes plus fines ; c'est-à-dire que le hongo a exigé 26 p. 100 de notre avoir. Il nous fallut payer à Uyui 5 p. 100, à Ngulu 1 p. 100, à Samawi (Kwa-Masali) 2 p. 100, à Shinyanga 1 1/2 p. 100, à Nindo 4 p. 100, à Sarawi 5 p. 100, à Urima 7 p. 100, pour un trajet d'à peine 300 kilomètres. On voit facilement ce qui peut rester aujourd'hui à une caravane se rendant de la côte vers l'intérieur. Aussi les

Arabes se réunissent-ils en grandes caravanes qui n'ont pas plus à payer, mais plutôt moins, car elles peuvent plus facilement inspirer la crainte.

9 octobre. — De Nindo à Shinyanga, six heures.

A 5 heures et demie nous sommes prêts à marcher. Nous voulons prendre congé du msikuru, mais il ne se montre pas. Cette tentative nous a toujours donné l'occasion de visiter l'intérieur du tembé. Il est partagé par des palissades en une quantité de quartiers. Un homme nous a dit que cette disposition avait pour but de pouvoir continuer la défense, si le tembé, protégé cependant par un boma extérieur, venait à être pris. Comme si une flèche enflammée, lancée du haut du toit, ne suffisait pas pour mettre en feu toutes les huttes de chaume que renferme l'enceinte, et rendre ainsi la résistance impossible! Toutefois nous ne voulons pas détruire la confiance du msikuru dans l'inexpugnabilité de Nindo, et nous prenons la route de Shinyanga, situé à l'Est. Nous sommes forcés de faire ce détour pour éviter l'Usanda, où le P. Girault fut attaqué l'année dernière et tua plusieurs de ses assaillants.

Nous marchons de nouveau pendant 6 heures à travers la plaine de Néra, en partie découverte, en partie légèrement boisée, sans rencontrer personne appartenant à cette tribu. Seul un troupeau de girafes, derrière un fourré de mimosas, regarde passer la caravane. Peu avant d'arriver à Shinyanga nous franchissons le lit desséché d'un ruisseau ; dans la saison des pluies, il coule du côté du nord-est. Vers 11 heures nous atteignons le premier village Shinyanga, et vers midi Ikuru, bâti à l'abri de puissants rochers granitiques. Notre arrivée provoque une consternation générale ; les gens ne savent pas s'ils doivent voir en nous des amis ou des ennemis. Le mtémi est absent. Ce n'est qu'en voyant notre faiblesse numérique et le petit nombre de nos fusils que les nègres reprennent confiance, et nous demandent si nous sommes les deux blancs qui viennent après Stanley pour « finir » ce que Limatandelé (Stanley) a pu encore laisser. On avait dit que deux blancs venaient en toute hâte, et à cette nouvelle les Bancras s'étaient enfuis dans la forêt, abandonnant troupeaux et villages. Et nous qui avions craint d'être attaqués par cette tribu! Pour calmer ces gens nous leur dîmes qu'à la vérité nous cherchions à rejoindre Stanley, mais que nous ne faisions de mal à personne. Alors ils se mirent à raconter mille choses étranges sur Stanley, qui avait traversé leurs villages dix jours auparavant, sur les Baturkis et les Banubis[1] qui leur plaisaient peu, ajoutant que Stanley avait donné au mtémi deux dotis dont il était très content, etc. Il est vrai que Stanley a peut-être 300 Remington, portés à 700 ou 1,000 par la renommée, et que l'on est obligé d'être coulant à son égard. Avec nous ce n'est pas la même chose. Le mtémi enhardi exige de nous sept dotis, et l'engagement d'en donner encore deux autres à sa « gori » (femme), à Kisumbi. Mais il nous offre une

---

1. Turcs et Nubiens qui accompagnent Emin.

belle chèvre et du lait, tandis que le mtémi de Nindo ne nous a rien donné. Cette différence de traitement entre Stanley et nous, montre clairement ce que l'Européen doit faire pour ne pas être rançonné impudemment. Que l'on vienne avec deux ou trois cents bons fusils, et l'on n'aura de difficultés nulle part. Peut-être pourrait-on encore s'y prendre d'une autre manière. On pourrait retenir sur la côte les caravanes d'ivoire envoyées par ces repaires de brigands ; ils verraient que l'on a aussi des moyens d'action contre eux. Plus d'un chef de village réfléchirait, et regarderait alors les Européens passant par son pays autrement que comme des vaches à lait.

Le soir quelques gens de Bukumbi arrivèrent et demandèrent à se joindre à nous pour aller jusqu'à la côte. La population du Shin-yanga appartient à la tribu des Wasumakas et était autrefois très riche en troupeaux de bœufs ; mais Mirambo était venu dans le pays, avait détruit une grande partie des villages et emmené les troupeaux. De son temps l'Euro-péen allait de Tabora jusqu'au Nyanza sans payer une upandé (deux aunes) de hongo; tous les petits chefs msalalos étaient aux pieds du roi Mirambo. Puis à sa mort son royaume se morcela, et maintenant les hongos augmentent chaque année. Dans le Sarawi il nous avait fallu payer au mois de juillet deux hongos; l'année prochaine, quand tous les villages se seront fortifiés et rendus indépendants les uns des autres, il en faudra donner au moins quatre.

10 octobre. — De Shinyanga à Kisumbi, trois heures et demie. — De Kisumbi à Samui (kwa Masali) trois heures et demie.

Après une bonne nuit de sommeil, nous sommes de nouveau prêts à partir à 6 heures. Le mtémi Kudililua nous accorde la faveur d'une audience d'adieu. C'est un homme d'un certain âge, tout à fait cérémonieux et en outre très vain. En parlant il cache toujours la partie inférieure de sa figure. Nous croyions tout d'abord que c'était pour dérober son noble visage aux profanations de nos regards indignes; mais dans un vif mouvement de cette tête royale, l'étoffe qui la couvrait s'étant dérangée, je pus voir une large brèche dans les dents du chef, et l'énigme fut résolue. Sa Majesté ordonna encore de nous donner un pot de lait en guise d'adieu, puis se rendit à son troupeau de vaches pour surveiller l'importante opération de la *traite*. En cela certes il n'a pas tort, mais il y gagne bien peu, car pendant que le maître était près de son troupeau, nous avons vu sur le chemin de la hutte royale un grand vaurien de 15 à 16 ans en train de faire baisser le niveau du lait dans le pot, derrière le dos du roi. Il y a donc aussi chez ces peuples primitifs des employés de l'État qui se livrent à des détournements !

Nous traversons rapidement les rares champs de sorgho, maintenant en friche, du Shinyanga, et nous entrons de nouveau dans le pori, broussaille épaisse et épineuse où se trouvent peu d'arbres utilisables. Pendant trois heures et demie nous marchons vers le Sud-Sud-Ouest, suivant le sentier par lequel Stanley nous a précédés il y a environ dix jours ; nous traversons quelques lits de ruisseaux desséchés qui semblent se diriger vers le Nord-Est, et nous atteignons à dix heures et demie le district de Kisumbi. Le Kisumbi dépend également du mtémi de Shinyanga, mais il est bien plus peuplé et mieux cultivé que ce dernier pays ; aussi l'on a peine à comprendre pourquoi le chef a établi sa résidence non pas ici, mais au milieu des rocs granitiques du Schinyanga. Peut-être celui-ci lui est-il particulièrement cher, à titre de pays natal.

Gori, la femme du mtémi, nous accueillit amicalement ; elle nous offrit, à nous et à nos gens, de grands pots de pombé, et après avoir reçu les deux dotis promis à son seigneur et maître, nous permit de continuer notre route. Devant le tembé nous vîmes une tête de lion plantée au bout d'une perche ; c'est le lieu d'asile des esclaves en fuite. Quand le fugitif a pu atteindre cette perche, il est inviolable et appartient au mtémi. Il y a dans chaque district de pareils lieux de refuge, ce qui prouve qu'au sein de la vraie population nègre l'esclave n'est pas absolument dénué de recours contre son maître, et qu'il lui reste un moyen de se soustraire à ses mauvais traitements. Il n'en est pas de même, que je sache, dans les contrées musulmanes.

A onze heures nous partons de Kisumbi et nous marchons dans la direction du Sud-Sud-Ouest, à travers un pays partout cultivé, vers le district de Samui, allié du Kisumbi, et plus connu sous le nom de Masali, qui appartient à son chef. Sur cette route nous ne voyons que de rares baobabs, la contrée est complètement déboisée et l'on y trouve à grand'peine même du bois à brûler. A droite nous avons les chaînes de collines de l'Usanga, à travers lesquelles passe la route directe de Samui à Mingiriti. Sur la gauche, au Sud-Est, le pays s'abaisse peu à peu vers la plaine Mayonga. Nous atteignons vers une heure et demie les premiers tembés de Masali, et à deux heures et demie nous établissons notre campement sous un beau tamarin, devant l'endroit principal, appelé ici, comme partout, Ikuru.

Dans le village nous trouvons tout en mouvement. Les grands tambours de guerre, en forme de poire (longs d'un mètre et demi et larges d'un mètre), façonnés dans un tronc d'arbre et recouverts de peau de zèbre, sont alignés ; les jeunes gens dans leur costume de guerre sont assis autour de puissantes cruches de pombé, tandis que les drapeaux, les fusils et les armes sont appuyés contre les murs. On nous explique qu'en qualité d'alliés de Mintiginia d'Usongo ils sont sur le point de marcher contre Simba et de l'attaquer aux premières lueurs du jour. Mintinginia avait appelé dans le pays les Wahumbas ou Bashikiras (tribu des Masaï), afin de châtier avec leur aide le mtémi de Simbe, qui l'année précédente avait fait venir Kapera et pillé une partie de l'Usongo. Kapera était l'ennemi mortel de Mirambo, sous les ordres de qui Mintinginia combattait. Maintenant Kapera est mort, et son fils a succombé également dans la lutte contre Mintinginia. Cependant, malgré tout cet appareil guerrier et les grandes cruches de pombé, l'on remarquait peu d'ardeur belliqueuse chez ces jeunes gens, et ils eussent préféré rester autour des cruches. Masali est un homme paisible, et son peuple suit son exemple. Mais le devoir commande, et à quatre heures la troupe, forte d'environ soixante hommes, se met en mouvement, précédée de deux drapeaux rouges. A cinq cents pas du village elle fait halte pour attendre les retardataires, puis elle gravit une petite hauteur, derrière laquelle elle disparait, au bruit continuel des coups de fusil, ce qui aura passablement entamé sa mince provision de poudre. Comme nous faisions remarquer qu'il eût été plus sage de réserver sa poudre pour les Simbas, un vieux nègre à cheveux gris nous répondit : — « Nous ne nous battons pas, « c'est l'affaire des Masaï ; nous nous contentons d'emmener les troupeaux de bœufs. »

Masali ne nous demanda rien. Nous lui donnâmes deux dotis, sur quoi il déclara que nous ne lui devions rien, lui ayant déjà payé le hongo lors de notre voyage à Bukumbi. Le bon gros homme est donc raisonnable. Il envoie du pombé dans notre tente, s'excusant d'en avoir si peu ; mais les guerriers qui venaient de partir avaient tout bu. Nous n'eûmes pas de peine à le croire.

Nous avions laissé quelques-uns de nos gens à Kisumbi pour acheter des chèvres ; ils arrivèrent le soir avec dix bêtes, à une upandé de Bombay la pièce (une upandé vaut 1ᵐ,75 ou trois marks, c'est-à-dire 3 fr. 75 c.). Chez Masali nous trouvons de même d'abondantes provisions à des prix modérés ; pour une upandé nous avons assez de sorgho pour trente personnes.

11 octobre. — De kwa Masali au mto Mayonga, trois heures et demie ; de là au camp dans le pori, quatre heures.

Après avoir marché une heure et demie vers l'Est, nous atteignons le dernier village Samui ; puis de là vers le Sud-Sud-Est, à la même distance, le campement près du mto Mayonga, ruisseau maintenant à sec, mais important dans la saison des pluies et coulant dans la plaine du même nom. En considérant la carte du chemin parcouru pendant les trois derniers jours, je ne puis que m'étonner des nombreux détours que nous avons faits et qui ont doublé notre route. Le chemin le plus court irait de la rivière

Mayonga au péro Masali, d'où nous venons (péro est la dénomination générale pour tous les villages situés sur la frontière, et signifie village frontière). De là, laissant Ikuru et kwa Masali sur la gauche, il traverserait le Samui dans la direction du Nord-Ouest et arriverait au péro situé sur le sentier venant de Kisumbi ; puis de là, suivant toujours la même direction (Nord-Ouest), laissant Kisumbi à droite, il irait rejoindre Mingiriti et Nindo à travers la partie orientale de l'Usanda. De cette façon le chemin du premier péro Samui au Nindo, que nous avons mis quinze heures à parcourir, serait réduit à huit heures pour une caravane se rendant au Nyanza. Une caravane bien armée n'aurait de difficultés que dans le Samui, le hongo devant être traité à Ikuru (la capitale). Les gens de l'Usanda, dont on touche la frontière pendant deux heures, ne se frotteraient sans doute plus à une *forte* caravane de blancs.

La plaine mayonga s'étend au Nord-Est jusque dans la contrée d'Uthia, et la rivière coule vers le Nyanza, au dire unanime de tout mon monde. D'autre part, il est vrai, j'ai entendu dire que la rivière n'était autre que le Ngombé d'Urambo qui se dirige vers le Tanganika ; toutefois j'aurais peine à le croire. Comme elle ne coule pas pour l'instant, il est impossible de rien savoir de précis. Quand on creuse le sable dans la rivière, on y trouve de l'eau en toute saison. La plaine Mayonga est découverte ; par endroits seulement on y voit des fourrés d'acacias ; à la saison des pluies elle est inondée, se change en un grand marécage et devient impraticable. Les caravanes suivent alors la ligne de collines située à l'Est près de Masali, pour gagner Simba par un détour.

Nous restons près de la rivière jusque vers deux heures, faisons notre provision d'eau et tournons au Nord-Est une rangée de collines ardoisières qui longe la rivière. Jusqu'alors nous n'avions vu que du granit. Sous un arbre une « dala » (perche de porteur) attire notre attention ; l'œil perçant de nos nègres découvre aussitôt un bâton brisé, de la farine répandue et bientôt après du sang desséché ; à côté quel-

ques perles bleues et deux capsules brûlées.
Il n'est pas difficile de trouver l'enchaînement
de ces circonstances. Un homme isolé, se repo-
sant sous l'arbre, avait été surpris et tué à
coups de feu par des brigands ; et les hyènes si
nombreuses dans le pays avaient entraîné le
cadavre. La vie d'un homme compte pour peu
de chose dans ce pays ; un sac de sorgho,
une upandé d'étoffe suffisent pour exciter la
cupidité et pousser au meurtre. Cette plaine
Mayonga n'est rien moins que sûre. Dans cette
saison on n'y trouve pas d'eau à une distance
de 35 à 40 kilomètres ; aussi beaucoup de gens
des caravanes s'attardent épuisés, et tombent
sous les coups des brigands aux aguets. Ce fut
dans cette plaine, en se rendant de Simba à
Samui, que le frère Max, un Allemand, frère-
lai de notre mission, perdit la vie. Un brigand
caché dans un buisson le perça traîtreusement
de sa lance, espérant que s'il tuait un blanc
toute la caravane tomberait en son pouvoir ;
mais les askaris (soldats) le massacrèrent. Nous
recommandons à nos gens de marcher toujours
en rangs serrés, et nous continuons notre route,

nous fiant à la protection de Dieu. Du reste cette partie de la plaine se prête peu aux embuscades; nulle part un arbre ou un buisson ne s'élève sur le sol noir et crevassé; on n'y voit qu'une herbe desséchée, au-dessus de laquelle, dans l'ardente chaleur du soleil, l'air tremble comme au-dessus d'un fourneau fortement chauffé. Aussi nos porteurs n'avancent que lentement jusqu'à ce que nous atteignions au bout de deux heures d'épais fourrés où je tirai un énorme porc à verrues; mais j'hésitai à suivre l'animal blessé dans le hallier, car on ne sait ce qu'on y rencontre. Au soir, nous établissons notre camp, et construisons un solide boma avec des acacias épineux.

12 octobre. — Du campement dans le port à Ngulu, quatre heures; de Ngulu à Isongo, deux heures.

Après une marche de quatre heures dans la direction du Sud-Sud-Ouest, tantôt à travers d'épais buissons, tantôt en plaine rase, et pendant laquelle nous franchissons plusieurs lits de ruisseaux coulant tous vers le Nord-Est, nous atteignons à dix heures un pays découvert, et les premiers tombés de Ngulu, détruits par Kapera. Ngulu tire son nom de sa position et signifie : hauteur. Le pays obéit à Mintinginia d'Usongo. Sans nous y arrêter plus de temps qu'il n'en faut pour puiser de l'eau, nous continuons notre route à travers ce district. Nous rencontrons un berger masaï qui, appuyé sur sa solide lance, garde son troupeau, produit de la guerre, et nous adresse un ricanement amical. Bientôt après nous atteignons les villages de l'Usongo et apercevons sur une hauteur le boma de M. Stokes, dépassé par les toits coniques de ses cabanes. Y étant arrivés à midi, nous établissons notre tente dans la cour intérieure. Nous y trouvons l'agent de M. Stokes, M. Moïse Willing, nègre qui parle et écrit l'anglais ; mais tous les blancs, Stanley, Emin-Pacha et les autres sont partis par la route d'Ikungu, il y a quatre jours. Nous sommes obligés d'accorder un jour de repos à nos porteurs épuisés ; demain Stanley aura donc encore une avance définitive de cinq jours sur nous. Il était parti vingt jours avant nous de la mission anglaise de Makolo.

Dans l'après-midi nous nous rendons à Kui-kuru, situé à une demi-heure de là. Le mtémi était absent, il était parti pour une expédition contre Simba. Nous trouvâmes sa « gori » (première femme), une grosse dame imposante qui nous reçut amicalement. Cependant, tous les hommes étant partis, elle ne put nous accorder ce que nous demandions, c'est-à-dire un guide pour Ikungu. Mais nous pûmes renouveler dans les magasins de M. Stokes notre provision d'étoffe que les hongos avaient presque entièrement épuisée. Par suite, des dangers de la guerre toutes les choses précieuses de la maison isolée de M. Stokes avaient été transportées à Kuikuru, résidence de Min-tinginia. Celui-ci est le « frère de sang » de M. Stokes. Quand j'ai traversé Usongo au mois de juillet, Mintinginia était également absent. Sa gori nous raconta qu'il était à la chasse, mais en réalité il était chez les Wahumbas, dans le voisinage d'Usagara, pour appeler dans le pays ces guerriers indomptés et se défaire de ses ennemis avec leur secours.

En rentrant vers le soir à notre campement nous vîmes dans la direction du Nord-Est de grandes colonnes de fumée, signe du succès de l'expédition. Près de notre tente nous trouvâmes quelques Masaï avec le bouclier, la lance et le glaive; ils nous firent comprendre que la guerre était finie, tous les ennemis battus, les villages brûlés. Ces Masaï ont des corps élancés et nerveux; ils sont vêtus de peaux de bêtes; dans les lobes des oreilles, allongés d'une façon difforme par des chevilles de bois, ils portent de vraies masses de fer. Rarement un sourire brille sur leurs traits toujours sévères. Leur armement consiste en un grand bouclier ovale, de peau de bœuf, peint en noir, blanc et rouge, et en une forte lance terminée par une lame de 80 centimètres de longueur sur plus d'un décimètre de large. L'autre bout de la hampe porte une pointe de fer tout aussi longue. Le tout atteint jusqu'à 2 mètres de long. A leur épaule pend un fourreau de bois renfermant un glaive qui mesure environ 60 centimètres; à la poignée le fer est entouré de cuir; il n'y a pas de garde. Au haut du bras, le Masaï porte encore un petit poignard. Ces guerriers dédaignent les armes à feu, ce qui ne les empêche pas de se rendre redoutables même à des ennemis qui en possèdent, et tout propriétaire de troupeaux est leur ennemi. Chez ce peuple l'occupation des jeunes hommes consiste à entreprendre souvent de lointaines expéditions dont le pillage est le but, à moins qu'une tribu ne les appelle à son secours contre une autre, et alors les troupeaux enlevés leur appartiennent. Ils vivent presque exclusivement du produit de ces troupeaux, se contentant de planter quelques bananiers; aussi n'ont-ils pas besoin d'esclaves. Leur langage est complètement différent des langues Bantu, et n'a que des intonations profondes et gutturales. Rarement on trouve un interprète pour causer avec eux. Plusieurs fois des Européens les ont visités dans leur pays, situé entre Kilimandscharo, les montagnes de l'Usagara et la côte, et ils ne se sont pas toujours montrés bienveillants envers eux. Nos visiteurs cherchaient à nous prouver leur amitié par de nombreuses poignées de main. Nous pûmes acheter quelques chèvres de leur butin. « Kanyonyo » (petite), nous dit un grand gaillard en mesurant l'étoffe. Mais quand nous lui eûmes dit aussi « kanyonyo » en montrant une de ses chèvres, il jeta son étoffe sur son épaule et décampa.

13 octobre, dimanche. — Dès le matin, de nombreux coups de feu annoncent le retour de Mintinginia victorieux. Les guerriers passent devant notre campement, chargés d'un lourd butin. Des lits tendus de peaux de bœufs, des pots, des paniers, des kiti (sortes de sièges) et autres vieilleries pareilles, formaient la part de butin revenant à Mintinginia. Les Masaï poussaient leurs troupeaux devant eux, et Mintinginia amenait à sa résidence une grande foule de prisonniers de guerre, femmes et enfants. Tous les tembés du Simba et de l'Ugogo au nord-ouest de l'Usongo sont brûlés, les ntémis se sont enfuis avec ceux des hommes qui ne sont pas tombés sous les terribles lan-

ces des Wahumbas, les deux districts sont soumis à l'autorité de Mintinginia, qui y établit comme lieutenant un de ses nombreux fils. Du côté de Mintinginia la guerre semble justifiée. Ces tribus avaient pillé et brûlé une partie de ses villages; mais quelles calamités n'at-il pas déchaînées sur ce pays hier encore si florissant, et combien d'innocents, femmes et enfants, expieront dans un esclavage éternel la rapacité et la cupidité d'un mtémi! Et ces guerres sont quotidiennes. Elles dévastent le pays et peuplent les marchés à esclaves de Tabora et des villes de la côte, car le vainqueur cherche à se défaire le plus promptement possible de sa marchandise humaine. La fuite est trop facile aux prisonniers. Aussi, dans le cours de cette même journée, les Masaï les vendirent à raison de deux esclaves contre un âne, qui peut leur rendre plus de services, car dans leur pays ils n'ont que faire d'esclaves.

Le soir nous revenons à Ikuru, afin de complimenter le mtémi et de lui demander un guide, la guerre étant finie. Il était très fatigué, ayant marché deux nuits et s'étant battu dans la journée. Cependant il nous accueillit fort amicalement et nous promit pour le lendemain un guide et quelques chèvres. Lorsqu'il nous dit qu'il était très fatigué, nous le « soulevâmes » selon l'usage des Wanyamnézis, c'est-à-dire que nous saisîmes et soulevâmes ses mains ; puis nous prîmes congé de lui.

De tous les mtémis, Mintinginia est le seul qui se montre toujours d'une amabilité égale envers les Européens. Un cadeau souvent sans valeur lui suffit. Cette fois-ci il nous dit qu'à notre retour nous devrions lui apporter deux ustensiles pour transporter de l'eau en guerre et à la chasse, car dans cette expédition il avait beaucoup souffert de la soif. Mintinginia peut bien avoir cinquante ans, mais il est encore d'une vigueur toute juvénile. Il marche toujours le premier au combat ; il est bon tireur ; ses sujets l'aiment et le redoutent. Une puissance européenne pourrait se servir de lui pour prendre pied dans l'Unyamnézi sans grande dépense. Que l'on parvienne à trouver pour Mirambo un successeur qui soit assez puissant pour être partout redouté, et qui soit assisté des conseils et de l'exemple d'un Européen, et on aura fait beaucoup pour la paix du pays situé entre le Tanganika, Tabora et le Nyanza ; les routes redeviendront sûres, et nous autres missionnaires nous pourrons travailler sans interruption à la transformation du pays. De tous les chefs Wanyamnézis, Mintinginia me paraît être le seul chez qui une pareille tentative aurait chance de réussir. La présence d'une petite troupe commandée par des Européens lui donnerait un tel ascendant que son nom suffirait partout pour maintenir l'ordre, et d'un autre côté l'Européen ne pourrait plus être soupçonné de vouloir « gruger » le pays. J'avoue qu'un Européen trouverait sans doute peu de charmes dans un poste pareil, mais il aurait occasion d'y faire beaucoup de bien. L'Usongo est légèrement ondulé, dépourvu de bois, comme la plus grande partie de l'Unyamnézi, et relativement sain.

A notre retour nous constatons que trois de nos Wakumbis ont pris la fuite par crainte des Wahumbas, mais nous avons assez de gens pour les remplacer. Les pauvres diables ne songent pas qu'ils auront porté leur charge pour rien du Nyanza jusqu'ici, c'est-à-dire pendant environ deux cent cinquante kilomètres.

III

D'Usongo à Ikungu. — Stanley et Emin-Pacha.

14 octobre. — D'Usongo à Niyawa, quatre heures. — De Niyawa à Usungwisi, trois heures.

Nous levons le camp à six heures moins un quart et nous nous rendons à Ikuru où nous trouvons le mtémi et le contingent fourni par Niyawa déjà prêts à partir. Mintinginia nous fait présent de dix chèvres et moutons qu'il pousse lui-même dans le sentier; il rattrape les bêtes qui s'échappent, et cela nous donne l'occasion d'admirer combien il est encore agile en dépit de son âge. Il est de très bonne humeur et semble un brave homme, malgré les guerres fréquentes qu'il fait. Il nous accompagne ainsi environ dix minutes, puis il donne ses ordres concernant notre guide, et nous souhaite bon voyage et bon retour.

Nous marchons alors trois heures et demie à travers la broussaille, dans la direction du Sud-Sud-Est, cherchant à gagner Niyawa, en compagnie des gens de ce district qui rentrent chez eux. Niyawa dépend aussi de Mintinginia et c'est un manangua (chef de village) de ce pays qui doit nous servir de guide jusqu'à Ikungu.

Arrivés près de Niyawa, nous fûmes accueillis par une bruyante salve de coups de fusil, tirés en l'honneur de la victoire. Les guerriers Niyawas y répondirent, mais comme ils avaient oublié de retirer les balles de leurs fusils chargés sur le lieu du combat, le sifflement des projectiles inspira une terreur effroyable à nos guerriers Usukumas; nous dûmes attendre à l'abri que le sifflement suspect cessât; c'est-à-dire que tous les fusils fussent déchargés, et alors seulement nos gens osèrent continuer à marcher vers Ikuru (le chef-lieu). Nous nous assîmes non loin de là sous d'énormes baobabs afin de contempler l'étrange spectacle de la réception des guerriers.

De nombreuses troupes de femmes, parées

d'étoffes rouges et venues de tous les villages, s'approchèrent des vainqueurs qui marchaient en rangs serrés. Elles les accueillirent avec un bruyant cri d'allégresse, puis chacune ayant cherché son mari, son père ou son frère, lui soulevait les mains avec un bruyant et joyeux « lé lé lé! », et l'accompagnait jusqu'à la maison où l'attendaient un bon repas, du pombé et des danses. Devant la porte du chef-lieu se trouvait la gori, première femme de Mintinginia à Niyawa (il en a partout), entourée de toute la population féminine du village. Lorsque le manangua, lieutenant de Mintinginia, fit son entrée, de bruyantes acclamations l'accompagnèrent. Nous nous rendimes, nous aussi, à un tembé, celui du Mzimu, l'asile des esclaves fugitifs, afin de réclamer du manangua qui y résidait le guide qu'on nous avait promis. Il le fit appeler aussitôt et nous offrit du pombé.

Pendant ce temps les fêtes pour la réception des guerriers étaient terminées à Ikuru, et nous y allâmes saluer la gori, qui est un peu moins grosse et plus jeune que celle d'Usongo.

Nous la trouvâmes causant joyeusement avec les femmes dont la plupart dansaient ; il n'y avait pas de larmes à essuyer comme on aurait pu s'y attendre après une expédition même victorieuse ; toutes les têtes chéries qui avaient affronté les dangers étaient revenues couvertes de lauriers. Seul un Ruga-Ruga de Mintinginia était tombé ; les Masaï, qui avaient pris la part la plus active à la lutte, avaient perdu deux hommes. Chez la gori nous dûmes bon gré mal gré nous résigner à boire un grand pot de pombé, du reste très rafraîchissant par l'intense chaleur de midi, puis immédiatement après avaler chacun une grande calebasse de lait. Nous faisions notre devoir de notre mieux quand un terrible coup de fusil tiré à terre nous enveloppa d'un épais nuage de poussière et de fumée. C'était notre guide qui nous annonçait ainsi son arrivée. Étant convenus avec lui que nous partirions à deux heures, nous allâmes retrouver nos gens. Ils étaient occupés à préparer leur repas, mais nous n'avions nul besoin de manger, bien que nous fussions sur pied depuis cinq heures et demie, et qu'il fût midi. Le pombé frais, où la farine n'avait pas été épargnée, et la grande quantité de lait que nous avions bue nous avaient complètement rassasiés.

Nous attendîmes notre guide jusqu'à une heure et demie, tandis qu'un grand nombre de guerriers considéraient ma carabine, sans qu'aucun d'eux, toutefois, se permît de me la demander. Mintinginia l'avait examinée le matin même, sans exprimer le moindre désir de la posséder ; personne n'osa donc faire ce dont le chef s'était abstenu. Le guide nous déclara que la crainte de son maître le décidait seule à nous accompagner dès aujourd'hui jusqu'à Usungwisi, car il n'était rentré chez lui que le matin. Nous avions dit à Mintinginia que nous voulions être à Usungwisi aujourd'hui même, et il avait donné l'ordre de nous y mener avant ce soir et de nous faire atteindre Ikungu dans les quatre jours suivants. Le manangua chargé de nous accompagner ayant déjà refusé de le faire pour Stanley, en arguant de la nécessité de sa présence à la guerre, il ne pouvait plus se risquer maintenant à agir contre les ordres de Mintinginia. Nous partîmes donc à deux heures, vers le Sud-Est, nous écartant de la grande route des caravanes Nyanza-Tabora pour atteindre le Mgunda mkali par une route plus courte que celle de l'Unyanyembé..... — Le Niyawa est encore assez peuplé et possède assez d'eau dans les petites dépressions de terrain. La population est un peu moins belliqueuse que celle de l'Usongo.

Au bout d'une demi-heure nous atteignons le péro, la frontière. On y est en train d'abattre sans ménagements et de brûler une forêt pleine de bon bois de construction. Dans cinq ans le Niyawa sera aussi pauvre en bois que l'Usongo. Dans tout l'Unyamnézi, du moins aussi loin que j'ai pu voir, il n'y a plus nulle part de hautes futaies. Le nègre abat et brûle les grands arbres, qui rendraient tant de services, pour cultiver du sorgho dans le sol ainsi enrichi de la forêt. Dans dix ou quinze ans, quand ce sol aura vieilli, une autre partie boisée y passera, tandis que la première se couvrira d'une épaisse broussaille dans laquelle les arbres de rapport, plus grands et plus utiles, mais poussant plus lentement, ne peuvent réussir.

Nous atteignons Usungwizi vers cinq heures et nous nous installons dans le premier tembé que nous rencontrons. Peu à peu, à mesure qu'augmentait la distance entre eux et les Wahumbas, nos porteurs avaient repris courage. Le soir ils étaient de bonne humeur, dansaient et chantaient une chanson composée pour la circonstance par Mwa Kilala, un d'entre eux: — « Nous avons fermé la porte, mis ordre à « nos affaires, dit adieu à nos femmes et à nos « amis; nous allons à la côte pour entendre « les cloches de Bagamoyo, et voir les hommes « du sultan blanc, qui a grugé la côte. Le che-« min est long et Ruga-Ruga est caché dans la « broussaille, mais nous ne craignons rien. « Le maître nous nourrit, donc nous resterons « forts, et la carabine du maître a de bonnes « balles. Courage donc, Bukumbis, réjouissez-« vous; nous allons entendre les cloches et « voir les hommes du grand sultan, qui a « grugé la côte. » Combien de temps ils chan-tèrent ainsi, je l'ignore ; la mélodie assez agréable, mais un peu monotone et qui se répétait sans cesse, nous avait vite endormis.

15 octobre. — D'Usungwizi à Kitambalalé, trois heures et demie.

On nous dit que le chemin est long et que nous avons un grand pori à traverser ; aussi nous partons dès cinq heures et quart. Pendant une heure environ nous traversons des champs de sorgho et nous voyons un certain nombre d'assez grands villages, ce qui nous donne une idée de la population. Puis nous entrons dans la forêt, dont la lisière est naturellement ravagée à plaisir. Seuls les gigantesques baobabs trouvent grâce devant ce vandalisme. Un peu plus loin, nous trouvons des cantons de beau bois, de « miningas » et de « mkosas » ; mais quand je dis « forêt », il ne faut pas se représenter une forêt vierge des tropiques. Les arbres, assez clairsemés, ont rarement un tronc s'élevant à plus de 6 mètres ; sauf les inutiles baobabs (je veux parler de leur bois, qui n'est bon à rien), l'on ne voit presque nulle part une masse de feuillage dépassant 15 mètres. Le sol est couvert d'une herbe maintenant desséchée. Dans une semblable forêt on peut circuler partout sans être arrêté par les plantes grimpantes, comme c'était le cas, par exemple, dans la forêt de Mosamba sur le Bas-Congo, ou dans celles des rives du Congo français près de Kwamouth. Là se trouvent partout des arbres montant jusqu'à 20 mètres et dont les cimes sont reliées l'une à l'autre par un véritable réseau de lianes.

Après avoir marché trois heures et demie vers le Sud-Est nous atteignons Kitambalalé, dont le mtémi Mwana Ntombolo ne reconnaît plus la suzeraineté de Mintinginia; Usungwizi, au contraire, dépend encore de l'Usongo. L'Ikuru (capitale) du Kitambalalé est formée d'un grand tembé; il y a en outre quelques autres villages, mais nous y trouvons peu de provisions. Mwana Ntombolo est un grand Nemrod ; surtout un grand chasseur d'éléphants ; demain il part pour la chasse, et pratique aujourd'hui des dawas (sortilèges) pour y être heureux. Nous apprenons que Stanley s'est arrêté un jour ici; de plus il a passé la nuit à Niyawa, de sorte que sur son avance de cinq jours nous en avons déjà rattrapé deux, et qu'il ne lui en reste plus que trois. Nous lui envoyons des messagers pour l'informer à Ikungu de notre arrivée.

En visitant le village, j'ai vu un tisserand à son travail. Le métier, dont on trouve quelques échantillons à Unyamnézi, se compose de quatre pieux solidement enfoncés en terre et entre lesquels la chaîne était tendue. Celle-ci était collée avec de la bouse de vache sur les deux barreaux transversaux ; la rangée de fils inférieure était tirée en haut par la rangée supérieure afin de pousser la trame au travers avec une longue baguette. Cette trame était ensuite serrée avec une mince latte contre la partie déjà tissée. Le tisserand fabrique ainsi assez lentement une grossière cotonnade de 2 mètres de long sur 1^{m},20 de large.

Comme sur toute notre route, sous la couche de terre (terreau et humus), on ne trouve que le granit, l'eau a une coloration laiteuse et quelques sources sont amères.

16 octobre. — De Kitambalalé à Mtoni, trois heures et demie. De Mtoni à Mto Mapiringa, quatre heures.

A cinq heures vingt-cinq minutes nous quittons Kitambalalé. La population qui, à vrai dire, n'a pas été très prévenante pour la caravane, ne l'a pas gênée non plus. En peu de temps nous voilà de nouveau dans le pori. Le nègre n'a pas encore pu tout détruire; nous trouvons par endroits de hautes futaies, parmi lesquelles apparaissent les verts mkoras. Tous les autres arbres sont déjà dépouillés de feuilles. Après avoir marché pendant trois heures et demie vers l'Est-Sud-Est à travers un terrain onduleux dont la pente court vers le Nord-Est, nous atteignons une vallée dans laquelle nous trouvons un peu d'eau et observons les traces d'un campement de Stanley. Cette dernière remarque surtout nous fit plaisir, car nous avions ainsi rattrapé encore un jour. Nous restons dans cet endroit jusqu'à onze heures et quart pour laisser à nos gens le temps de faire cuire leurs aliments, puis nous repartons et atteignons à une heure quarante minutes une jolie petite plaine fertile, entourée de blocs de granit comme d'une fortification naturelle. C'est là qu'habitaient autrefois les Wanabihis, de la famille des Wanamuézis dont une partie se trouve encore plus au Nord de notre route et à qui appartient aussi Kitambalalé. Nous nous reposons un peu sous un arbre superbe, avec une couronne de feuillage magnifique et une ombre épaisse, le plus beau que j'aie vu depuis le lac. Un de nos gens nous raconte comment les anciens habitants de ce petit pays furent attaqués et chassés par le père de Sike, le mtémi d'Unyanyembé, et s'établirent alors quelques milles plus au Nord.

Après un court repos nous suivons vers le Sud une chaîne de collines granitiques, à travers une sorte de broussaille épineuse et désagréable que l'on trouve partout où le sol a été autrefois cultivé. A trois heures trois quarts nous atteignons le lit de la rivière Mapiringa. Ce nom signifie: cavernes; mais je n'ai pu en découvrir aucune, et notre guide ne put me renseigner à ce sujet. En revanche il me recommande expressément de ne pas tirer sur les nombreux babouins (singes) qui peuplent les collines et les rochers de granit, car ce sont les gardiens de l'eau, et si je les chasse elle tarira sûrement. Un babouin n'étant pas un morceau bien friand, je n'ai pas de peine à me rendre à ses désirs. Près de la rivière nous trouvâmes tout un bois de palmier « borassus », espèce qui, à 6 ou 8 mètres du sol, présente un renflement considérable, puis, reprenant son épaisseur normale, produit un tronc élevé de 10 à 15 mètres. Nous creusons dans le lit du fleuve au même endroit que Stanley, et nous trouvons de l'eau en quantité suffisante, mais de mauvaise qualité. Cependant « l'eau la plus « mauvaise est celle que l'on n'a pas, car celle- « là on ne peut absolument pas la boire. » On trouve dans ce pays la confirmation de ce pro- verbe arabe, lorsqu'on voyage comme nous à la fin de la saison sèche.

Ayant déjà marché près de huit heures, nous ne tardâmes pas à chercher l'emplace- ment de notre camp; mais si nous croyions pouvoir dormir tranquilles, nous avions compté sans les habitants du pays. Ce fut une bande

de singes qui commença, puis vint s'y mêler
l'horrible hurlement de deux léopards, et vers
dix heures retentit un peu dans le lointain un
sourd rugissement qui fit trembler nos ânes
et nos chèvres. Le roi des déserts arrivait. Le
terrible rugissement se rapprochait de plus en
plus, on lui répondait d'un autre côté, et vers
minuit nous pûmes entendre et admirer tout
un concert de lions. Une troupe de ces animaux s'était réunie dans le lit du fleuve,
à l'endroit, distant seulement de quatre-vingt
à cent pas, où nous avions creusé pour avoir
de l'eau ; d'autres, attirés par nos ânes et nos
chèvres, rôdaient autour de notre campement,
mais nos grands feux les tenaient en respect.
Lorsque les rugissements devinrent par trop
forts, je tirai au jugé du côté de l'eau ; le
bruit les fit taire un instant, mais ils recommencèrent aussitôt. Une seconde balle, mieux
dirigée, s'approcha trop sans doute de leurs
majestés animales, car le rugissement se tut
pendant dix minutes et nous ne l'entendîmes
plus ensuite que très loin, ce qui nous permit
de dormir encore quelques heures. Nos ânes

aussi, qui s'étaient glissés sous un buisson
d'épines, reprirent courage, mais ils n'osèrent
de toute la nuit entonner leur chant habituel.

17 octobre. — Du mto Mapiringa au mto
Mwala, cinq heures et demie.

Nous partons avant le lever du soleil et marchons pendant cinq heures et demie vers le Sud-
Est, traversant la plaine d'Ibembélé, qui est
tantôt nue et tantôt couverte d'une broussaille
d'acacias épineux. Cette plaine s'étend vers le
Nord jusque dans la région d'Uthia, et va rejoindre la plaine Mayonga. A la saison des
pluies elle est sous les eaux comme cette dernière, et l'on peut à peine la traverser, les rivières Mapiringa et Mwala n'ayant qu'une très
faible pente. Près du Mapiringa nous rencontrons dans le voisinage du camp de Stanley une
tombe fraîche, couverte de feuilles de palmier; c'est celle d'une Soudanaise morte dans
cet endroit. Nous atteignons le Mwala vers
onze heures et demie, mais par une route dif-
férente de celle que Stanley avait choisie,

et d'ailleurs plus courte. Sur les bords de la rivière se trouvent beaucoup de palmiers, qui forment çà et là de véritables fourrés dans lesquels on ne peut pénétrer. De nombreux troupeaux d'antilopes peuplent la contrée ; ce sont de petites espèces, surtout des « palas » et des « swalas ».

Au matin, près d'une mare, dix lions se montrèrent aux chasseurs indigènes qui s'y tiennent presque constamment. Ces chasseurs nous apprirent aussi que Stanley avait campé un peu plus au Sud que nous, au pied de la chaîne de collines dont nous avions longé le versant nord depuis le Mapiringa. Mais nous en étions toujours restés éloignés de quelques kilomètres, tandis que la route de Stanley passe au pied même.

L'après-midi je m'éloignai un peu et abattis une « pala » (antilope). Mais elle se releva, et mon second coup ayant raté, elle put m'échapper. Mardiani, un Zanzibarite, qui avait aussi quitté le camp, accourut à moi hors d'haleine et me raconta qu'il avait trouvé dans un fourré de palmiers voisin, sept lions endormis, trois grands et quatre petits. L'étourdi, armé d'un fusil Gras, essaya de tirer sur eux à trente pas, mais ses cartouches déjà vieilles étaient détériorées ; le premier et le second coup ratèrent, et alors un vieux lion, réveillé par le bruit de la platine, se redressa et mit l'importun en fuite par un sourd rugissement ; puis il se rendormit tranquillement. Ce pays étant d'une richesse extraordinaire en gibier, offre à ces carnassiers des proies assez nombreuses pour que, dans la journée, ils soient toujours rassasiés et par suite peu redoutables. Toutefois je renonçai à la poursuite de l'antilope blessée, afin de rentrer au camp avant la nuit.

18 octobre. — Du mto Mwala à Ikungu Kuikuru, huit heures.

De bon matin nous sommes déjà en marche à travers la plaine d'Ibembélé, couverte de broussailles de migongwas. Le Mwala, qui descend de la chaîne de collines située au Sud, n'a pas de lit bien déterminé : nous traversons successivement, dans la broussaille de pal-

miers dont je viens de parler, un certain nombre de fossés par lesquels ses eaux s'écoulent.
Dans les acacias erre une troupe de girafes;
elles nous regardent par-dessus les feuillages
peu élevés des arbres, mais il est difficile d'en
tirer une, car leur corps est abrité, et en cas
de réussite il en résulterait un long retard.
Après une marche de trois heures et demie
vers le Sud-Sud-Ouest, nous retrouvons la
grande route que nous avions quittée hier;
peu auparavant nous avions traversé pendant
une heure une plaine entièrement nue, couverte d'herbes et offrant de nombreuses traces
de gibier, surtout de buffles. Comme cette
plaine est souvent couverte par les inonda-
tions, c'est là sans doute la raison pour laquelle les caravanes se détournent vers le
Sud, où le terrain est plus élevé.

Lorsque nous nous retrouvons dans la broussaille, notre guide nous déclare qu'il ne peut
nous accompagner plus loin, les gens d'I-
kungu en voulant aux sujets de Mintinginia.
La route était du reste très facile à trouver,
puisqu'il n'y avait qu'à suivre le sentier jus-

qu'à sa bifurcation ; là il fallait prendre au Sud. Nous le quittons et poursuivons notre voyage. Le pays devient aussitôt onduleux ; par endroits la broussaille y est abattue, en vue de la culture ; à dix heures et demie nous atteignons le premier tembé de l'Ikungu ; c'est un misérable village où nous trouvons peu d'eau et peu de vivres. Après une nouvelle marche de deux heures à travers des champs de sorgho dépouillés de leur récolte et où ne sont restés que des baobabs, nous atteignons un grand village palissadé, situé sur une légère éminence ; c'est l'Ikuru. Dans un pli du terrain se trouvent des sources nombreuses dont l'eau blanchâtre sert à abreuver les troupeaux de bœufs et de chèvres. Dans ce but on a construit en argile de grandes rigoles longues de plusieurs mètres et larges d'un demi-mètre, que l'on remplit de l'eau puisée à la fontaine. Les possesseurs de troupeaux moins importants ou de quelques chèvres se contentent d'un petit carré en planches long d'un demi-mètre, et rendu étanche avec de l'argile.

On nous dit que Stanley est campé aujourd'hui dans l'autre Ikuru (autre capitale). Certains mtémis en ont plusieurs ; celui de Uyui se vante d'en posséder quatre. Nous continuons donc notre marche en longeant le pied des collines que nous avons depuis hier à notre droite ; nous traversons les lits sablonneux de quelques ruisseaux qui en descendent et qui sont maintenant à sec, et nous atteignons au bout d'une heure et demie le camp de Stanley. Il est situé non loin de l'endroit où nous campions l'année dernière à la fin d'octobre, à trois cents pas environ au Nord-Est d'un grand tembé construit irrégulièrement, et par suite difficile à défendre. Une haie d'euphorbe pourrait certainement le protéger, mais maintenant cette haie est partout entamée et il s'y trouve des brèches larges de cinquante mètres. Près du village on a laissé debout quelques palmiers, destinés à signaler l'endroit. L'eau est abondante et plusieurs petites mares épargnent la peine de creuser des bassins. Quelques-unes sont réservées pour les lavages.

L'année dernière j'étais venu d'Ikungu à Uyui, en traversant à l'Ouest la chaîne de collines dont j'ai parlé. Le chemin jusqu'à Uyui est mauvais; il comporte environ vingt-cinq heures de marche jusqu'au póro (la frontière), et pendant ces vingt-cinq heures on n'est pas sûr de rencontrer une seule fois de l'eau. Dans le lit d'un ruisseau qui forme sans doute le cours supérieur du Mwala, à neuf heures d'Ikungu, se trouvent beaucoup de grandes et profondes mares d'eau potable, remplies de petits poissons. Quand nous partîmes de cet endroit à midi, nous pensions trouver de l'eau plus loin le lendemain, mais toutes les sources étaient taries; il nous fallut repartir le soir même et, après avoir marché toute la nuit, nous n'atteignîmes les premières sources d'Uyui que vers quatre heures du matin. Beaucoup de porteurs n'arrivèrent que le soir.

Nous trouvons à Ikungu une bande de Tipo-Tiqs qui nous donnent des nouvelles très suspectes des événements arrivés sur la côte. Buschiri, battu à Bagamoyo, serait victorieux à Mpuapua et ailleurs, et autres racontars semblables. Mais il est impossible de contrôler leurs dires.

Ikungu est bien peuplé ; les tembés ne sont pas très nombreux, mais chacun d'eux est grand et plein d'habitants. C'est une race industrieuse ; ils sont tous commerçants ou chasseurs ; voyageant eux-mêmes beaucoup, ils sont affables pour les étrangers. Nous apprîmes bientôt la cause de l'animosité contre Mintinginia. Les Masaï, ses alliés, ont emmené dernièrement une grande partie des troupeaux de bœufs d'Ikungu. A vrai dire, Mintinginia n'y peut rien, car ce n'étaient pas ses Masaï, mais ceux d'une autre tribu ; toutefois on l'en rend responsable.

Le soir, M. Stanley nous envoie un bœuf. Le troupeau qu'il a pris dans le Néra est déjà quelque peu réduit, mais il suffira bien pour atteindre la côte. Cette attaque des habitants de Néra a été un heureux incident, qui a considérablement simplifié la question des vivres. Nous allons faire visite à Stanley, qui se montre envers nous très prévenant et d'une charmante humeur. Le docteur Emin-Pacha est plongé dans ses observations scientifiques et dans ses collections. C'est un homme très simple, ne vivant plus que pour la science, ayant une tendance d'esprit un peu orientale, très grand linguiste, foncièrement différent de Stanley, dont le caractère est si énergique.

IV

L'Expédition
de Stanley. — A travers le « Mgunda mkali »
(*La Forêt terrible*).

19 octobre. — Nous restons à Ikungu. M. Stanley accorde un jour de repos, en partie pour laisser souffler nos porteurs fatigués, en partie pour acheter des vivres, en vue de la traversée du Mgunda mkali. Nous passons la journée à bavarder avec les membres de l'expédition, qui nous font leurs compliments sur la rapidité de notre marche. En douze jours nous avions fait presque le tiers de la route du Nyanza à la côte. En continuant à marcher du même train, nous atteindrions la mer en un mois ; mais il vaut mieux pour nos porteurs que nous allions plus lentement.

20 octobre. — D'Ikungu Kuikuru au mto Mizanzi, sept heures.

Nous sommes en retard pour partir, M. Stanley s'est déjà mis en route depuis une demi-heure avec la caravane, mais c'est aujourd'hui dimanche et, bien que réveillés un peu tard, nous voulons cependant dire la sainte messe. Mais nous n'aurons pas de peine à le rattraper. La longue file de femmes et d'enfants n'avance que lentement, et déjà au bout d'une heure nous ne sommes plus les derniers. Peu avant d'entrer dans le Mgunda mkali, nous passons devant l'endroit où nous avons campé le 28 octobre de l'année dernière. La forêt y est un peu éclaircie, l'Ikungu s'agrandissant aussi de ce côté. Le Mgunda mkali (forêt terrible) couvre l'élévation de terrain qui sépare l'Ugogo de l'Unyamnézi. Il forme aussi la ligne de partage des eaux entre l'Océan Indien, le Nyanza et le Tanganika. Mais si l'on se représente sous ce nom une véritable forêt, on se trompe entièrement ; il ne se compose que de broussailles basses et de haies épineuses, séparées par des plaines herbeuses et

nues. Ce sont les caravanes qui lui ont donné
son effrayant surnom. Cinq jours durant, on
ne rencontre aucun village le long de la route;
par suite les vivres y sont difficiles à trouver
et l'eau y est rare. Seuls, des chasseurs isolés
parcourent cette solitude, et des gens sans
aveu, des brigands ont bâti leur cabane près
du chemin. Aussi avant d'entrer dans cette
zone dangereuse on recommande aux porteurs
de faire une abondante provision d'eau, d'en
user avec ménagement et de marcher en file
bien serrée, pour mieux résister aux attaques.
Ils le promettent toujours avec de grands ser-
ments, mais rarement ils s'y conforment. Dès
la première heure de marche nous voyons des
gens vider leur cruche et des traînards s'attarder. Pour ces derniers, Stanley a pris ses
mesures; une compagnie de Wangwanas ferme
la marche sous le commandement du lieutenant Stairs ou du capitaine Nelson qui alter-
nent pour cette tâche désagréable; mais quant
à ménager l'eau, cela dépend toujours du porteur lui-même, et l'on a fait à cet égard la sin-
gulière observation que les gens boivent peu

quand ils savent qu'ils trouveront de l'eau le soir; mais si l'on doit coucher dans le pori aride, on peut être à peu près sûr que dès la première partie de la route la moitié des porteurs auront bu leur eau.

En tête de la caravane marche Stanley avec deux compagnies de Wangwanas, puis vient le Dr Emin-Pacha avec ses gens, et la foule des employés et des marchands égyptiens. Toute la caravane compte environ six cents âmes, dont 180 Wangwanas, divisés en trois compagnies, et 70 à 80 porteurs Wanyamnézis; le reste se compose de gens de Wadelaï et forme un étrange mélange: un juif de Tunis, un pharmacien de Wadelaï, des officiers égyptiens, des secrétaires cophtes, des soldats soudanais. Les gens de quelque importance emmènent avec eux une suite d'esclaves, de femmes et d'enfants; tous sont chargés d'un véritable magasin de bric-à-brac; ils emportent des cafetières en cuivre percées, de grands bassins à eau, des boîtes de conserves vides, de petites chaises, des matelas, des caisses et une masse d'autres objets inutiles.

Nous sommes en outre une quantité d'Européens. Stanley avec cinq officiers et un serviteur, Emin-Pacha, Casati, nous deux. C'est un mélange bizarre de toutes les tribus de l'Afrique et de tous les Wazungus (peuples européens), Anglais, Américains, Italiens, Français, Allemands, Grecs, Turcs ; aussi les indigènes peuvent-ils à peine cacher leur terreur et leur étonnement. Tout cela marche sous la bannière rouge ornée du croissant de l'Islam, qui précède Stanley. Les Européens préféreraient de beaucoup qu'il déployât le drapeau anglais ou américain, mais cela lui est interdit.

Une fois dans la broussaille, l'arrière-garde, que nous avons rattrapée dans l'intervalle, commence à se presser ; ils veulent se dépasser les uns les autres, et ce sont surtout les femmes nubiennes qui se font remarquer, comme si elles ne marchaient que depuis ce matin. Dans les halliers épais, où le chemin est souvent barré par les épines, on avance ainsi encore plus lentement qu'une caravane ordinaire. Enfin, le troupeau de bœufs, qui compte bien quatre-vingts têtes, augmente encore l'encombrement. Les conducteurs de ces bœufs sont commandés par un capitaine nègre, bel et robuste Soudanais.

Nous profitons de quelques endroits découverts pour marcher à travers l'herbe et dépasser cette foule. Quelques Nubiennes poussent les hauts cris à cette vue, mais nous nous en préoccupons fort peu. Au bout d'une heure de marche dans la forêt nous rencontrons un baobab qui s'élève au bord du sentier et à l'ombre duquel je m'étais reposé l'année dernière quand j'avais la fièvre.

Bientôt nous traversons le lit pierreux et desséché d'un ruisseau coulant vers le Nord-Est, et, après une marche totale de trois heures et demie, nous quittons la grande route des caravanes, qui jusqu'ici s'est dirigée généralement vers le Sud-Est, et nous prenons un sentier latéral allant vers le Nord-Est. J'avais fait savoir à M. Stanley que, l'année précédente, nous étant également écartés vers le Nord, nous y avions trouvé de bonne eau. Sur la route principale on reste quatorze heures sans en rencontrer, tandis que grâce à la source du sentier latéral la route sans eau est réduite à onze heures. Pour une caravane qui emmène tant de malades c'était un détail très important. Le kirangozi de Stanley étant aussi de cet avis, nous prîmes ce sentier du Nord, que les caravanes n'évitent du reste que par crainte des Masaï qui se trouvent souvent dans le voisinage.

Nous suivons quelque temps le lit desséché du ruisseau, puis nous tournons à l'Est et faisons vers midi une halte d'une heure; après cela nous marchons de nouveau pendant deux heures jusqu'à un ruisseau, à sec naturellement, qui coule vers le Nord et que l'on nomme mto Mizanzi (rivière des Palmiers) à cause des nombreux palmiers qui poussent sur ses bords.

L'année dernière aussi nous avions campé non loin de ce ruisseau; j'étais arrivé à six heures du soir souffrant de la fièvre, et elle me quitta la nuit pendant que je dormais en plein air, les tentes étant restées en arrière. Nous fûmes menacés d'être encore privés de tentes aujourd'hui. Nos gens pensaient sans doute pouvoir agir suivant leur bon plaisir dans cette grande caravane, et voyant partout des porteurs qui s'arrêtaient sur le bord du chemin, ils les imitèrent. Aussi, arrivés à trois heures à l'étape fixée, il nous fallut y rester exposés à l'ardeur du soleil et souffrant de la soif, les porteurs d'eau s'étant également attardés. Un officier de Stanley, plus heureux que nous, nous offrit une tasse de thé. Un peu réconforté, je retournai en arrière et marchai plus d'une heure et demie à la recherche de nos gens, que je trouvai enfin assis sous un arbre, mangeant et causant joyeusement. Mais en moins d'une heure ils étaient arrivés au campement, courant à travers l'herbe et les ronces, et ils purent fournir au P. Girault des preuves manifestes que le Bwana peut aussi quelquefois devenir kali (méchant). Un homme me prévint qu'il en était resté d'autres plus loin ; abandonnant alors la poursuite des premiers, je retournai encore une demi-heure en arrière, où je trouvai les autres se livrant avec délices aux mêmes occupations. Je les en arrachai quelque peu rudement et les poussai devant moi. Comme il ne faisait pas bon d'être le dernier et d'être rattrapé par moi, ils s'enfuirent comme avaient fait leurs camarades, à travers la broussaille et, malgré leurs fardeaux, ils déployèrent une telle agilité que, tout épuisé, je renonçai à les poursuivre, me contentant de leur crier qu'il fallait se hâter, autrement ils verraient ce qu'il leur en coûterait pour m'avoir fait courir inutilement pendant trois heures après une marche de sept heures.

Quand j'arrivai au camp à la tombée de la nuit, je trouvai la tente et le lit dressés ; l'eau bouillait dans les pots, mais la cafetière avait disparu. Peut-être pour se venger, un de nos hommes l'avait emportée pour aller chercher de l'eau ; il ne la rapporta qu'à neuf heures, et encore était-elle vide. On avait bien trouvé de l'eau à une heure de distance, mais le vaurien n'en avait pas apporté pour nous. En punition de ce méfait, il dut en aller chercher le lendemain de bon matin. Lorsque, suivant mon habitude, je visitai le soir mes braves Bukumbis autour de leurs feux, pour voir si tout était en ordre, Munyamduru me pria de ne plus être aussi « kali » qu'aujourd'hui ; à l'avenir ils marcheraient docilement à la place que nous leur assignerions dans la caravane. Je crois que cette leçon suffira pour étouffer dans son germe cette envie de rester en arrière, qui ne s'était pas encore manifestée. Jusqu'ici nous avions marché suivant le bon plaisir de nos porteurs, faisant halte quand cela leur plaisait, et ne tenant qu'à une chose, c'est-à-dire à atteindre le point fixé. Maintenant cela n'est plus possible, nous ne devons occasionner aucun désordre dans la caravane. Nous décidons de marcher devant les Soudanais, pour que nos gens aient sous les yeux le bon exemple des Wangwanas qui suivent Stanley en rangs serrés, et non pas celui des Nubiens, des Turcs et autres, qui marchent très mal. Mais cette course supplémentaire m'a épuisé ; aussi, craignant de ne pas dormir, ce qui me donnerait la fièvre, je prends du chloral.

21 octobre. — Du mto Mizanzi au camp près de la source, deux heures et demie.

Nous levons le camp après six heures. Les indigènes partent habituellement plus tôt, surtout quand il y a disette d'eau, afin d'éviter autant que possible de marcher pendant la chaleur ;. mais M. Stanley n'aime pas à s'écarter de ses habitudes et les gens non plus ne sont pas pressés ; ils savent que la marche sera courte, et beaucoup d'entre eux avaient trouvé de l'eau à un endroit où l'année dernière il n'y en avait pas du tout.

Nous conservons notre direction vers le Sud-Est et nous rencontrons au bout d'une heure le lit pierreux d'un ruisseau ; dans quelques trous profonds se trouve encore de l'eau, à la grande joie de ceux qui n'en ont pas eu hier soir. Nous suivons pendant quelque temps ce ruisseau qui coule vers le Nord, et franchissons ensuite quelques lits pareils, tous à sec, en nous élevant à travers une broussaille qui devient insensiblement plus claire et plus haute. Elle se compose en grande partie d'arbres appelés miumbas, qui n'ont pas encore reverdi. (Cet arbre ressemble au frêne par la feuille et l'aspect extérieur, et on l'appelle souvent pour cette raison frêne d'Afrique ; mais il appartient cependant à la famille des papilionacées.)

A huit heures et demie, après une marche de deux heures un quart, nous découvrons une source abondante qui sort de dessous un rocher et forme un petit étang. J'avais cru remarquer hier que cette année l'eau était, du moins dans certains endroits, plus abondante que l'année passée, et mon opinion se trouva confirmée. Là où, l'année dernière, une abondante végétation témoignait seule de l'humidité du sol (on ne voyait d'eau que dans quelques trous), se montre maintenant une petite nappe limpide vers laquelle les porteurs se précipitent. Cependant nous ne nous y arrêtons pas, nous continuons à marcher pendant un quart d'heure et nous arrivons à un endroit où, l'an dernier, se trouvait une belle source avec de l'eau claire et fraîche. Mais à peine puis-je en croire mes yeux ; je ne vois qu'une vase noire ; les éléphants, les rhinocéros, les buffles et autres bêtes ont choisi cet endroit pour venir s'y abreuver et s'y baigner,

et ils y ont encore fait une visite la nuit précédente.

Tandis qu'à l'endroit où la source sortait du
sol pierreux les gens de la caravane s'empres-
saient de puiser de l'eau, je marchais le long
du marais. J'avais gardé un souvenir exact
de la place : tout près de la vase se trouve
dans le rocher un trou rond, large de vingt-
cinq centimètres et profond d'un mètre, d'où
jaillit en bouillonnant une autre source moins
abondante, mais que je savais ne pouvoir être
souillée. Je fis nettoyer le sol tout autour, et
après que le liquide sali par cette opération
se fut écoulé, nous eûmes une belle eau, claire,
sans aucun mauvais goût, comme nous n'en
avions jamais encore rencontré. L'année précédente les bêtes sauvages étaient moins tranquilles dans cet endroit; les chasseurs d'éléphants y avaient établi des affûts sur les
arbres et dans le sol, et les fauves avaient
moins de temps pour se vautrer dans l'eau.
Dans la broussaille voisine — cette source se
trouve sur un terrain assez découvert, coupé
de buissons isolés et parsemé de palmiers, —

ces chasseurs avaient élevé une cabane de troncs d'arbres et défendu celle-ci contre les attaques nocturnes des bêtes féroces par un énorme rempart de plantes épineuses. Près de la source elle-même nous vîmes sur les plus gros des arbres isolés de petites chaires construites avec des branches, et dans la terre de grands trous avec des abris en feuilles de palmier, recouverts en partie des mêmes feuilles ; le tout était protégé par des remparts d'épines contre la visite redoutée des lions et des léopards, peut-être aussi des éléphants ou des buffles blessés. Dans ce pays où les lions fourmillent, l'affût nocturne, pendant lequel on ne peut pas allumer de feu, a donc, lui aussi, ses mauvais côtés, et les chasseurs ont grandement raison de se protéger par de solides bomas contre l'attaque de leurs collègues quadrupèdes. Cette année les affûts sont en mauvais état, les chasseurs n'y viennent plus, et les animaux peuvent, sans crainte d'être troublés, errer dans la forêt et piétiner dans la source. C'est une des conséquences de l'invasion de l'Ikungu par les Masaï. Ceux-ci ayant emmené les bœufs d'Ikungu, on se figure qu'ils sont encore dans le voisinage, et les chasseurs du pays n'osent pas se risquer jusqu'à cette source, qui donne de l'eau toute l'année ; c'est ce qui attire non seulement le gibier, mais encore les Masaï, quand l'eau devient rare dans leur région. C'est sans doute la raison pour laquelle la contrée n'est pas habitée, car une eau si belle et si pure fixerait certainement une nombreuse population, n'était le manque de sécurité qui va toujours en augmentant.

22 octobre. — De la source jusqu'au mto Mizanzi, deux heures et demie.

Malgré la grande abondance du gibier sur ce point, personne de la caravane ne profite de l'occasion pour en tuer quelque pièce pour le soir. En ayant demandé la raison, les Anglais me répondirent invariablement : « Nous n'avons plus de fusils de chasse. » — Et c'était la vérité. Dans les négociations difficiles avec les indigènes, entre l'Aruwimi et l'Albert-Nyanza, tous les fusils y avaient passé peu à peu. Le dernier, qui appartenait à Stanley, fut offert au roi de Nkolé (Usongora, à l'ouest d'Uganda). Du reste, les Anglais ne me semblent pas être d'aussi enragés sportsmen qu'on le dit en général de ceux qui voyagent en Afrique ; le naturaliste Jameson, qui mourut à la station de Bangala pendant qu'il revenait du camp Yambuya sur l'Aruwimi, était, paraît-il, le seul chasseur remarquable. Je renonçai aussi à la chasse, car il ne m'allait pas non plus de sortir seul.

La nuit, notre camp offrait un aspect magique, car par suite du voisinage des animaux féroces, on était obligé d'entretenir partout de grands feux qui jetaient des reflets étranges dans la broussaille et sur les panaches des palmiers. Ces feux, il est vrai, éloignaient de nous les bêtes fauves, mais dans l'herbe haute et sèche qui nous entourait ils constituaient un danger très réel. Avec les provisions de poudre encore très importantes qui existaient, le camp pouvait être réduit en cendres. Aussi avait-on placé partout des sentinelles chargées d'étouffer aussitôt tout commencement d'incendie dans l'herbe. Bon nombre des Egyptiens sont sous ce rapport d'une négligence excessive.

Cependant la nuit se passa sans incident et le matin le camp fut levé à l'heure habituelle. Nous n'avons plus besoin de mener nos gens à leur place ; ils partent avant nous et prennent dans la caravane le rang que nous leur avons assigné. Nous marchons deux heures et demie dans la direction du Sud-Est, à travers une plaine où tout d'abord nous ne rencontrons que des broussailles épineuses ; mais ensuite se montrent de très nombreux palmiers, tandis que près de la source nous n'en avions vu que quelques-uns. Ayant rejoint la grande route des caravanes, abandonnée l'avant-veille, nous la suivons encore pendant une demi-heure jusqu'à un ruisseau auquel j'entends donner, ainsi que l'année dernière, le nom de mto Mizanzi. Nous franchissons son lit rempli de joncs et d'une herbe haute et verte, et nous établissons le camp sur la rive orientale. Ce ruisseau coule du Sud au Nord. Quand je m'occupai de l'eau, je trouvai de nouveau mon observation confirmée : l'année est plus humide. L'an passé nous n'avions trouvé que de la vase dans le lit du ruisseau ; nos porteurs altérés qui venaient de marcher pendant six heures y cherchèrent en vain de l'eau, ils ne rencontrèrent qu'une boue liquide. Enfin nous étant mis nous-mêmes à l'œuvre, avec des pioches et des pics, nous commençâmes, malgré les rires ironiques des nègres, à écarter le sable dans un endroit moins bas, et par suite moins vaseux. Ces braves gens nous plaignaient parce que nous cherchions sur un point situé un pied plus haut que celui où ils ne trouvaient que de la vase, et lorsque nous rencontrâmes des pierres (ferrugineuses, je crois), leur soif ne put arrêter leur gaieté, surtout quand ils virent que, loin d'abandonner la partie, nous affirmions sérieusement qu'il y avait là de bonne eau. Quels yeux ils ouvrirent, lorsqu'ayant brisé à grands coups la pierre peu résistante, une eau fraîche et limpide jaillit de la couche de cailloux sous-jacente ! Ils nous lancèrent des regards craintifs qui voulaient dire : « Ce sont d'habiles sorciers ! » et personne n'osa puiser de cette eau. Même un Arabe qui se trouvait dans la caravane — dans ce pays les Arabes sont aussi arriérés que les nègres au point de vue de la superstition — demanda très humblement s'il pouvait boire de notre eau sans danger, et alors seulement les Wang-wanas s'y risquèrent.

Ayant donc bien remarqué l'endroit à cette époque, j'y retournai pour profiter de l'ouvrage que nous y avions fait, mais c'était inutile. Dans les trous il y avait en quantité de l'eau à fleur de terre, de sorte qu'on n'avait pas besoin de creuser, et il suffisait de faire puiser aux endroits où l'escarpement de la rive empêchait les nègres de descendre dans l'eau et de la troubler. En l'absence d'eau courante, il est toujours bon pour les Européens de faire garder celle que l'on a, afin que les porteurs n'aillent pas s'y baigner et que l'on ne soit pas exposé à ne rencontrer que de la boue au lieu d'eau.

Ici également des traces nombreuses d'animaux sauvages se montrent sur le bord de la rivière. Quelques Zanzibarites vont à la chasse et rapportent dans l'après-midi de gros morceaux de viande ; ils avaient réussi à tuer une girafe. Suivant la coutume des nègres, et pareils à de véritables sauvages (mchenzis), les Wangwanas, qui se regardent cependant comme des êtres supérieurs, n'ont pas commencé par dépouiller la bête ; ils l'ont simplement découpée, de sorte que l'on ne peut en retirer même un morceau de peau suffisant pour faire une ceinture. Les girafes sont encore nombreuses ; leur peau pourrait se convertir en excellent cuir pour faire des semelles.

Nos relations fréquentes avec les officiers de l'expédition nous font découvrir maintes choses qui montrent clairement quel en était le but. A en juger d'après l'apparence, elle a réussi, et l'Europe la fêtera en conséquence ; mais au fond ces héros sont très mécontents du résultat et ne se gênent pas pour l'avouer.

« Une foule de gens sont morts, d'importantes
« ressources ont été sacrifiées, nous avons passé
« deux ans et demi dans la misère, et qu'avons-
« nous obtenu ? Nous ramenons de l'intérieur
« un certain nombre d'employés égyptiens,
« inutiles et corrompus, de Juifs, de Grecs et

« de Turcs, qui ne nous en sont pas même
« reconnaissants ; Casati lui-même n'en va-
« lait pas la peine, il est devenu « mchenzi »
« (sauvage) ; quant au Pacha, c'est un hon-
« nête homme, mais ce n'est qu'un homme de
« sciences. » On avait cru trouver en Emin-
Pacha un soldat à la tête de deux mille hommes bien disciplinés, à qui l'on n'avait besoin
que d'apporter des munitions pour assurer à
l'Angleterre la province équatoriale et s'ouvrir avec ses baïonnettes un chemin jusqu'à
Mombassa. Maintenant tout cela a échoué et
l'on est mécontent. Le Dr Emin-Pacha lui-
même connaît trop les hommes pour se faire
illusion sur les vrais motifs de l'expédition.

Ces marches à travers le pori sont certainement désagréables pour les porteurs, mais, pendant ce temps-là, nous autres Européens, nous
sommes tranquilles ; nous ne sommes pas assaillis par une foule importune. Du reste le
manque d'eau ne se fait pas autant sentir
sur le chemin choisi par nous que sur celui
de Tura à Muhalala. Sur ce dernier on ne
doit, dans cette saison, trouver d'eau qu'une

fois ; il faut donc traverser tout le Mgunda mkali en trois jours de marche, ce qui est très pénible et justifie bien le nom qu'on lui donne. Notre route, elle, n'a rien de terrible ; nous n'y trouvons pas de villages, mais nous sommes pourvus de vivres pour cinq jours. L'eau n'y est pas rare, et quand on est bien armé, avec quelque prudence, on n'a rien à craindre des brigands.

23 octobre. — Du mto Myzanzi à Makomera, six heures et demie.

Partis à six heures nous marchons de nouveau dans la direction du Sud-Est à travers une plaine couverte seulement de quelques broussailles d'acacias épineux. Nous nous élevons lentement. A neuf heures je vois au Nord quatre grands palmiers que j'avais déjà remarqués l'année dernière, et nous entrons alors dans une épaisse broussaille qui gêne un peu la marche et où nous avançons environ pendant une heure. Alors nous avons devant nous un pays découvert et nous campons près des sources de Makomera. Le voyageur reste

saisi d'étonnement à la vue de ces trois sources. On dirait qu'elles doivent leur existence
à la main d'un Européen, car elles ont été
creusées très méthodiquement dans la pierre
jusqu'à une profondeur de 20 mètres, où elles
atteignent une nappe d'eau courante souter-
raine. Au dire des indigènes, on peut sentir ce
courant quand on puise de l'eau. Dans mon premier voyage je demandai à M. Stokes si peut-
être les Portugais n'avaient pas pénétré jusque-
là ; mais il me dit que non ; ces sources avaient
été creusées par un indigène qui vivait encore
à Ugogo et qu'il y avait vu ; quant à l'eau, elle
était si profonde qu'il n'avait pu en trouver
le fond lorsqu'il s'y était laissé glisser pour
en retirer un seau perdu. Comme on est obligé
de faire descendre jusqu'à l'eau les vases qui
servent à puiser, nous avions découpé en cour-
roies une peau de bœuf et nous retirâmes un
liquide très limpide et très frais, mais un peu
salé. Dans l'expédition on distribua aux gens
les cordes des tentes, les longes des bêtes de
somme, etc., afin d'arriver à la profondeur
nécessaire. Les porteurs n'aiment pas ces sour-

ces ; ils disent que l'eau n'est pas « commode » et comme leurs vases (des pots en cuivre) sont mal attachés, ils en perdent beaucoup dans le fond. En peu de temps je vis cinq de ces pots en cuivre y rester.

A côté l'on voit encore les excavations rondes et plates qui servaient à abreuver les bœufs, car ce pays était peuplé à une époque encore toute récente. M. Stokes me dit qu'il lui avait fallu payer de lourds hongos, il y a neuf ans, et qu'il avait dû pendant quelques années renoncer à cette route si commode ; puis il avait trouvé les villages détruits. Nos gens nous disent la même chose. Ici habitaient autrefois les Wataturus, riches en sorgho et en troupeaux, qui rançonnaient très fortement les caravanes ; celles-ci étaient à leur merci, puisque l'eau de leurs sources était la seule du pays ; puis les Wahumbas (Masaï) firent irruption, emmenèrent les troupeaux et détruisirent les tembés. Les habitants s'enfuirent vers le Nord-Est ou vers Ugogo. Seules maintenant ces trois sources attestent que le pays était peuplé autrefois ; la broussaille épineuse recouvre les anciens champs de sorgho, et dans trente ans, si dans l'intervalle une autre tribu ne s'y est pas installée, l'origine des sources sera attribuée à un mzimu (esprit) bienfaisant et formera le fond d'une légende qu'un Mnyamuezi racontera aux blancs comme un fait historique. En tout cas, il est bien étonnant qu'un nègre ait pu accomplir un pareil travail avec ses moyens primitifs. Un homme seul a creusé les trois puits avec les pioches des indigènes; la terre et les pierres ont été enlevées dans des calebasses, et tout a été exécuté si régulièrement qu'il faut admettre qu'il avait été à l'école des Européens. Cependant c'était, paraît-il, un indigène, un Mchenzi, et non pas un Mgwana, preuve que la nécessité peut amener parfois le nègre à vouloir énergiquement et à persévérer dans le travail entrepris. Et si la nécessité peut le faire, pourquoi cela serait-il impossible à l'instruction fécondée par la grâce de Dieu?

Le soir je cherche à déterminer la latitude par quelques observations astronomiques, mais je ne puis obtenir de résultats, le vent éteignant toujours la lanterne. Je pense que la latitude s'approche de 5° 37' Sud et que la longitude est d'environ 32° 40' à l'Est de Paris.

24 octobre. — De Makomera à Matongo, six heures trois quarts.

Aujourd'hui sans doute nous ne trouverons d'eau nulle part; aussi chacun en emporte autant qu'il peut. Nous levons le camp comme d'habitude après le lever du soleil et nous marchons vers l'Est à travers un terrain plat offrant encore des traces distinctes de culture antérieure. Au bout d'une heure nous trouvons des restes de tembés, et plus tard beaucoup de tembés détruits, anciennes demeures des Wataturus. Une partie est encore debout et il faudrait peu de temps pour les rendre de nouveau habitables. Dans quelques-uns l'argile est tombée des murs et le toit est percé; dans d'autres il ne reste que les poteaux qui ont supporté le toit, marquant simplement la forme du tembé. Près des sources mêmes, dans la broussaille, il y a, dit-on, encore les traces de trois habitations, et près du chemin on voit celles d'une vingtaine d'autres. Impossible de vérifier ce qui est caché dans la broussaille, mais ce que nous voyons suffit pour nous convaincre que la population était très nombreuse.

Les Wataturus, de même que leurs congénères les Wanyaturus, au Sud-Est du Nyanza, se livrent surtout à l'élevage des troupeaux. Ils ont la réputation d'être encore assez sauvages et inabordables, mais ils n'ont pu se maintenir contre les attaques incessantes des Masaï. Dans l'Unyanyembé on en voit beaucoup, car on les estime tout particulièrement comme gardeurs de bœufs. En guise de salaire on leur abandonne le·lait de trois ou quatre vaches, et en échange ils gardent les troupeaux et les défendent très courageusement contre les animaux féroces. Un lion se jeta un jour sur notre troupeau et saisit une vache par le mufle. Le berger (mnyaturu) lança contre lui son premier, puis son second et dernier javelot sans l'atteindre. Alors brandissant son bouclier et son bâton, il se précipita sans autres armes sur le lion, qui prit le large, effrayé de cette attaque audacieuse. Le brave mnyaturu siffla son troupeau, le rassembla, ramassa ses deux javelots et suivit tranquillement ses vaches, comme si de rien n'était. Au soir seulement, quand on lui demanda pourquoi la vache saignait, il se souvint du lion et ne put comprendre pourquoi on lui donnait une récompense.

A huit heures nous apercevons les derniers restes de tembés et nous entrons de nouveau dans la broussaille basse et fournie, où nous nous maintenons, continuant à monter lentement vers le Sud-Est. Un peu avant dix heures nous atteignons la ligne de partage des eaux. C'est un petit plateau sur lequel on ne voit qu'un étang maintenant à sec, rempli de débris de liège. En Kiswahéli, étang s'appelle ziwa, et l'endroit, naturellement, ziwani. A la saison des pluies il se forme un déversoir coulant vers le Nord, et cela répondrait bien à la configuration du terrain, car le pays paraît s'incliner vers le Nord-Est. L'année passée je campai également ici le même jour, et nos porteurs allèrent chercher de l'eau au Nord ; sûrement il n'y a pas de déversoir du côté du Sud. Cet étang est du reste fort peu important, car il couvre quelques hectares tout au plus, avec peut-être un mètre et demi d'eau pendant la saison des pluies, puis il se change en marécage et pendant six mois il est complètement à sec, comme tous ces « lacs » que l'on rencontre dans le Mgunda mkali. Les divers ziwas (étangs) sont tous complètement épuisés à la saison sèche, et pas un seul des ruisseaux coulant vers le Nord n'amène de l'eau jusqu'au Nyanza, sauf dans la saison des pluies. Toutes les rivières indiquées sur la carte par un trait plus ou moins gros sont à sec pendant la plus grande partie de l'année et rentrent dans la catégorie des ouadis du Sahara algérien. Du Nyanza jusqu'ici nous n'avons pas rencontré une seule goutte d'eau courante. Tchaya et les autres ziwas (lacs) sont desséchés ; il serait donc difficile de les regarder comme les sources les plus méridionales du Nil. Ce sont des marais dont le trop-plein s'écoule vers le Nord dans la saison des pluies, mais où l'on meurt de soif de juillet à décembre. Même en temps humide ces dépressions ne peuvent contenir que peu d'eau, car elles sont trop peu importantes, elles n'ont ni assez de largeur, ni assez de profondeur. La disposition plate du pays ne leur permet du reste aucun écoulement rapide ; le sol se change alors en marécage, et l'eau s'évapore plus tard sans qu'il se soit formé de ruisseau.

Hauteur barométrique 637 millimètres. — Le Ziwani dépassé, nous montons lentement pendant environ 200 mètres, puis nous descendons tout aussi lentement, foulant maintenant le versant de l'Océan Indien. Cette ligne de partage des eaux est presque insensible, aucune grande chaîne de montagnes ne la signale, et cependant c'est une des plus importantes de l'Afrique, car elle forme la limite entre l'Océan Indien d'une part, le Nyanza et le Tanganika, c'est-à-dire le Nil et le Congo, d'autre part. Nous marchons jusqu'à midi et demi — six heures et demie en tout — dans une broussaille épaisse et désagréable. A la fin seulement elle devient un peu plus haute, et nous campons près de Matonga, ruine d'un village détruit. Nos gens trouvent à peu de distance une eau qui, sans être bonne, est cependant potable. D'autres vont jusqu'à Kabarata, qui n'est plus qu'à une heure et que nous aurions pu atteindre encore aujourd'hui. A trois heures la caravane était déjà au complet dans le camp. — Hauteur barométrique 641,5; nous sommes donc descendus d'environ 50 mètres. — Les ruines qui couvrent le pays sont une preuve nouvelle que si l'ordre et la sécurité pouvaient lui être assurés, le Mgunda mkali se repeuplerait bientôt, car il offre les mêmes ressources que l'Unyamuézi et l'on peut tout aussi facilement s'y procurer de l'eau.

25 octobre. — De Matonga à Kabarata, une heure.

Nous descendons encore lentement pendant une heure dans la direction du Sud-Est, à travers une broussaille clairsemée, puis nous atteignons le village de Kabarata, que l'on regarde comme faisant partie du Mgunda mkali. Devant le village nous voyons au bout d'une perche une tête humaine et un lambeau d'étoffe, sans doute un avertissement pour les voleurs. Le tembé n'est pas très vaste, mais il est bien peuplé et l'on y trouve plus de ressources que je ne croyais. Ainsi isolés dans la broussaille, les habitants se sont mis sur le pied de guerre et ont fortifié leur tembé au moyen de tours en treillis hautes de 5 à 6 mètres, et revêtues d'argile. Les petites meurtrières rondes, habituellement fermées, sont ouvertes. Il n'y a qu'une source. L'année dernière le chef l'avait fait combler avant notre arrivée, ne laissant qu'une petite place libre; quand il apprit que nous allions partir, il fit débarrasser la source en notre présence. Aujourd'hui il est très poli pour M. Stanley, affirmant que les blancs sont ses meilleurs amis; en pourrait-il être autrement en face des nombreux faisceaux d'armes de la caravane? La population a été rassemblée par le hasard et par le malheur; elle appartient à la tribu des Wataturus, et serait formée des restes de leurs anciennes colonies de Mikonera. Il s'y est adjoint des Wagogos et des Wanyamuézis; ces derniers sont surtout des porteurs abandonnés par les caravanes ou des déserteurs. Un des hommes qui s'étaient joints à nous à Shinyanga, se voyant malade, se décida aussi à rester dans le village. La langue est presque le kigogo, et le kinyamuézi est de moins en moins compris.

M. Stanley fait une nouvelle distribution de viande sur pied, afin que les gens de la caravane puissent se remettre des fatigues du Mgunda mkali qui, par la route que nous avons prise, n'ont rien eu cependant de bien extraordinaire. De Kabarata, où nous sommes, un chemin direct mène à Usukuma, par Itura, dépendance du Wanyaturu. Ce chemin est habituellement suivi par un msukuma (marchand) du nom de Mterekesa, qui, en huit jours, dit-on, parvient avec sa caravane jusqu'à Uthia, dans l'Usukuma, au Nord-Est de Shinyanga. De là jusqu'à Bukumbi il n'y aurait plus que huit jours ; le voyage serait donc abrégé d'au moins huit jours, mais l'on souffrirait beaucoup du manque d'eau et les habitants sont, dit-on, peu abordables. La caravane de Mterekesa compte habituellement plus de mille individus ; il peut donc, le cas échéant, forcer les indigènes à lui livrer passage. Il est maintenant sur la côte. Il a été blessé dans l'Usukuma en voulant se frayer un chemin de vive force, mais il est guéri et a pu parvenir à Bagamoyo en se battant contre les bandes de Buschiri. Nous occupons son camp, où de nombreux bomas témoignent des grands troupeaux qu'il conduit vers le littoral. Les bœufs, les ânes, les chèvres, les moutons sont en effet, tout comme l'ivoire, des articles d'exportation pour la côte; ces animaux sont très bon marché dans l'Usukuma. Un bœuf y vaut six pioches, c'est-à-dire six marks (7 fr. 50 c.) et sur la côte il se paie habituellement de quatre à huit fois autant. Le transport ne coûte pour ainsi dire rien, quand on emporte de l'ivoire avec soi, car il y a toujours un grand nombre de porteurs disponibles; ils ne sont occupés qu'au retour pour rapporter les étoffes.

On part à la fin de la saison pluvieuse, et l'on marche très lentement, selon la coutume des Wanyamuézis; les animaux, qui ont de la nourriture et de l'eau en abondance, arrivent en bon état à la côte; aussi trouve-t-on facilement des acheteurs, la ville de Zanzibar avec ses nombreux Européens, Arabes et

Indiens consommant beaucoup de viande fraîche. Si un bœuf vient à mourir en route, il sert à nourrir les Wasukumas qui, dès leur enfance, ne mangent jamais d'autre viande que celle d'animaux ayant ainsi succombé.

V

A Mpuapua par l'Ugogo.

26 octobre — De Kabarata à Muhalala, quatre heures trois quarts.

Nous avions encore dix chèvres ou moutons. De bon matin quelque vaurien de Kabarata persuade au berger, du reste habituellement très consciencieux, qu'en partant à l'avance il ne sera pas gêné par la caravane. Le jeune homme suit ce conseil et se met à précéder Stanley avec un certain nombre de Soudanais ; la caravane vient ensuite, à quelques centaines de mètres de distance. La broussaille, tout d'abord assez clairsemée, devient insensiblement plus épaisse et après une heure de marche environ nous entendons du bruit en tête du convoi. Bientôt notre chevrier apparaît, mais sans ses bêtes, et inconsolable ; il nous raconte qu'une bande de brigands s'est précipitée soudain hors de la broussaille, a lancé des javelots et des flèches sur lui ainsi que sur les femmes soudanaises et les enfants qui l'accompagnaient, et lui a enlevé toutes ses chèvres. Avant que deux ou trois hommes armés de fusils eussent trouvé le temps de les charger, tout le bétail avait disparu. Les femmes et les enfants s'étaient enfuis, et lui aussi. Une flèche avait blessé un enfant au bras, mais sans gravité. On suppose que ce sont des gens de Munye Mtwana qui ont tenté ce coup hardi ; mais les Wanyamuézis, qui connaissent le pays, affirment qu'il n'en est rien. Les hommes de Munye Mtwana sont toujours armés de fusils, et cette bande n'avait que des lances et des arcs. Ce sont des gens de Kabarata et, ce qui semble le prouver, c'est que c'est un des leurs qui a persuadé à notre berger de prendre les devants. Le résultat est du reste le même ; nos chèvres seront mangées, mais non pas par nous. Cette perte nous est d'autant plus sensible que l'on trouve difficilement à s'approvisionner dans l'Ugogo.

Munye Mtwana est un mgwana qui s'est

établi dans le Mgunda mkali et qui, depuis dix ans, avec l'aide de vagabonds accourus autour de lui, y rançonne ou dépouille les caravanes. Il a soumis à son autorité un certain nombre de villages Wagogos près de Mdaburu, et s'est fait tellement craindre des Arabes, ses ennemis mortels, que la route de Mdaburu n'est plus guère fréquentée : « Le chemin est mort. » Envers les Européens il s'est généralement bien comporté ; les missionnaires qui ont habité Mdaburu de 1880 à 1882 vivaient en bonne intelligence avec lui et n'avaient nullement à se plaindre de ses procédés ; ils habitèrent même quelque temps son tembé. En revanche les caravanes arabes devaient payer par de lourds hongos le droit de traverser le Mgunda mkali sans être inquiétées, et ç'est ce qui leur fit abandonner la route. En tout cas il est douteux que les gens de Munye Mwana aient pu venir si loin vers le Nord et attaquer une caravane de blancs, car il ne le veut pas et il a plusieurs fois restitué le bien volé. Mais les brigands, ses complices, ne lui obéissent pas toujours. Un garçon de la suite du Pacha a disparu. Il assistait au vol des chèvres, avait pris la fuite, était tombé sur une racine et n'avait pas reparu au camp. Sans doute les brigands l'auront tué.

L'incident du vol des chèvres forme le sujet de la conversation pour le reste de la marche jusqu'à Muhalala. Elle dure près de cinq heures. Nous descendons presque constamment vers le Sud, à travers la broussaille. A moitié route nous traversons une longue mais étroite plaine découverte, puis nous suivons une chaîne de petites collines granitiques jusqu'à ce que nous descendions à pic dans le bassin de Muhalala, le premier district de l'Ugogo. Muhalala semble occuper la place d'un ancien lac; il est entouré d'un cercle de collines, et seule une ouverture vers le Sud-Est permet à l'eau de s'écouler. Deux étangs, situés un peu à l'est de notre camp, peuvent passer pour les restes du lac. L'eau se trouve immédiatement sous la couche de terre; aussi une nombreuse population s'est-elle rassemblée dans cet endroit. On dit que l'on y compte cinquante-huit tembés, dont tous les habitants ne sont peut-être pas de vrais Wagogos, mais en ont en tout cas le caractère.

Les Wagogos sont un peuple insinuant et audacieux dont on a peine à se défendre ; de plus ils sont excessivement sales. Quand ils portent des vêtements d'étoffe, et qu'ils ne se contentent pas d'une peau de chèvre attachée à l'épaule, ils les teignent en rouge-brun, ainsi que leur peau et leurs cheveux. Les lobes de leurs oreilles sont allongés d'une façon difforme, et ils y mettent toutes les choses possibles : de petits disques de bois, du fer, des anneaux, du tabac, une pipe, etc. Leur armement se compose d'un bouclier en peau de bœuf, plus long que large (0^m,80 sur 0^m,40), non teint, dont les bords sont un peu convexes et le milieu légèrement concave ; il est plus grossièrement travaillé que celui des Masaï ; d'une lance de forme variable, depuis celle des Masaï jusqu'à celles qui sont usitées sur la côte ; d'un arc et de quelques flèches. Ils sont très nombreux et par suite très riches, ce qui les rend insolents. Comme ils ont la mauvaise habitude d'exiger de grand hongos des caravanes qui traversent leur pays, il arrive souvent que celles-ci se réunissent pour n'avoir à payer qu'un hongo qui est alors moins lourd pour chacune. Les caravanes sont à leur merci, car les porteurs se refusent à partir tant que le hongo n'a pas été payé, et en outre les Wagogos occupent les sources et empêchent d'y puiser de l'eau jusqu'au paiement. Le pays est très désagréable, complètement déboisé ; jusqu'à la saison actuelle, un vent très fort y soulève continuellement de grands tourbillons de sable, très pénibles pour les yeux.

27 octobre. — Le manangua de Muhalala exige un hongo, que M. Stanley réglera dans la journée. Aujourd'hui nous faisons repos. pour permettre au personnel de la caravane de se remettre un peu des fatigues du Mgunda mkali. — Au matin nous recevons la visite de quelques gens de Mingiriti (entre Nindo et Samui), qui connaissent le P. Girault. Ils vont chez les Masaï à la chasse aux éléphants, et nous racontent qu'il y a un chemin bien plus court pour atteindre l'Usukuma. Il conduit à

la colonie arabe d'Irangi, distante seulement de deux jours de marche, de là en cinq jours à Ntusu et en huit autres à Bukumbi. La colonie arabe d'Irangi est, paraît-il, aussi importante que Tabora ; on y cultive le riz et le froment, et le mtémi est un Arabe. Ntusué est situé dans la plaine salée d'Irasa, qui ne fait qu'un avec la plaine d'Ibembele ; les Balangis d'Irangi ne sont pas des Wataturus, mais s'en distinguent beaucoup au contraire. On vient de tous côtés dans la plaine d'Irasa pour acheter du sel, qui forme le principal article de commerce. Les Arabes d'Irangi envoient des caravanes dans la région à l'est du Nyanza, pour s'y procurer de l'ivoire ; ils auraient noué des relations amicales avec les Masaï, qui ne les tracasseraient pas.

A Muhálala la population est très mélangée, on y trouve surtout beaucoup de Wataturus. Le district dépend de Mukenge de Nyangwira, mais le chef exige cependant un hongo ; Stanley lui envoie 16 dotis, dont il n'est pas content. — « Si tu n'en veux pas, renvoie-les ; mes gens et moi nous sommes prêts. » — Cette réponse catégorique, accompagnée d'un geste éloquent du côté des faisceaux d'armes, change immédiatement les dispositions de l'avide manangua, qui cesse de réclamer.

Il y a encore sur ce point une autre caravane se rendant à Tabora. Les gens disent d'abord que c'est une caravane Wanyamuézi, mais nous apprenons ensuite qu'elle est destinée à des Arabes. Le conducteur est un Mnyamuézi d'Unyanyembé, et elle est escortée par des Wangwanas. Ceux-ci nous racontent qu'ils ont marché très vite, car derrière eux venaient beaucoup d'Allemands avec un grand nombre de soldats qui accompagnaient plusieurs caravanes Wanyamuézis jusqu'à Mpuapua. Les Allemands auraient pris à leur solde les Vahéhé et les Wangonis et Buschiri seraient en fuite. Puis l'on nous dit juste le contraire : Buschiri aurait battu les Allemands avec l'aide des Wahéhé et des Wangonis, etc. Dans cette caravane se trouvent aussi des gens de Tipo-Tipo ; nous demandons aux officiers ce qu'ils pensent de lui. On nous répond que c'est un traître et que Stanley devrait faire confisquer ses biens à Zanzibar. — Muhalala est situé à 5° 48' 30" de latitude sud.

28 octobre. — De Muhalala à Itibwé, quatre heures.

Bien que les postes aient été doublés hier soir, deux fusils Remington appartenant à des sentinelles ont été volés pendant la nuit. L'on ne peut guère compter sur les Wangwanas. Quand le maître dort et qu'on n'a plus à redouter de lui une visite inopinée, toutes les sentinelles en font généralement autant. — Nous passons devant deux étangs, restes de l'ancien lac, où de nombreux oiseaux d'eau prennent leurs ébats, puis, sortant du bassin de Muhalala, nous montons lentement vers l'Est. La broussaille où nous entrons se compose en grande partie d'arbres appelés Mium-bos, parés d'une fraîche verdure ; c'est la première broussaille verte que nous voyons depuis le Nyanza. Par endroits elle est clairsemée, et l'on y voit de petits tombés isolés. Le commencement de l'étape à travers ces arbres verts est très agréable, puis nous entrons dans des terrains cultivés. Insensiblement la contrée se découvre davantage, et au bout de deux heures et demie nous atteignons Kilimantindi, petit district habité en grande partie par des Wanyamuézis que la guerre à chassés d'Uthia. Le granit apparaît de plus en plus, mais on rencontre aussi de très belles veines de minerai, maintenant inexploitées ; autrefois il y avait ici des forges. — Le pays est coupé par de nombreux ravins.

A huit heures trois quarts nous sommes au bord du plateau et nous voyons s'étendre devant nous la vaste plaine de l'Ugogo. Certaines zones en sont complètement déboisées ; çà et là se montrent de vastes régions couvertes d'arbres, mais tout est aride et sec, et l'on n'y voit pas la moindre trace de verdure. C'est dans ce pays que nous allons maintenant marcher pendant huit jours. Du point où nous sommes les petites chaînes de collines onduleuses disparaissent ; la hauteur sur laquelle nous nous tenons forme un vaste demi-cercle allant du Sud au Nord, et sur le bleu de l'horizon elle semble se confondre au Nord-Est avec les chaînes de montagnes qui bornent le plateau intérieur du côté de la mer. Le Sud-Est s'ouvre à l'infini.

La descente dans la plaine est assez raide et pénible, le sentier plein de pierres et de blocs de rochers. Au pied de la montagne nous traversons un ruisseau, le Simbaluma, dont les eaux coulent vers le Sud ; de nombreux tombés indiquent que l'endroit est très peuplé. Puis nous traversons encore une petite étendue de broussaille épineuse pour camper enfin près d'un village nommé Itibwé. Ce district me paraît tirer son nom du ruisseau Simbaluma. Nous y sommes en plein Wagogo ; le canton obéit également à Mukongo de Nyangwira, et l'on ne nous réclame pas de hongo. En revanche, il est brusquement interdit de porter des vivres à notre camp et de nous laisser prendre de l'eau. La première de ces défenses a du moins l'avantage de nous délivrer pour quelque temps des importunités des Wagogos, car un chef les chasse tous du camp, à notre grande joie. Cependant ces gens avides d'étoffes nous vendent ce qu'ils ont, malgré les ordres donnés, et le soir nous étions de nouveau assaillis par une foule curieuse et bruyante. L'interdiction de puiser de l'eau était plus grave, mais M. Stanley envoya aux sources une petite troupe avec les fusils chargés, et devant cette démonstration les Wagogos postés pour défendre les abords de l'eau se retirèrent sagement. Ils demandèrent seulement qu'on ne prît pas de l'eau qu'ils avaient versée dans les abreuvoirs pour leurs bœufs et leurs vaches, et en cela ils étaient dans leur droit. Pareille chose était déjà arrivée à Muhalala, où quelques Wagogos avaient menacé de leurs lances des femmes et des enfants en train de puiser de l'eau ; mais à l'apparition des fusils ils avaient pris le large.

Nous avons établi nos tentes à l'abri d'immenses baobabs, mais cependant nous y souffrons beaucoup du vent et de la poussière. C'est là ce qui donne une mauvaise réputation à l'Ugogo ; dans cette plaine déboisée le vent acquiert une force extraordinaire, et les tourbillons qui se forment partout soulèvent d'énormes masses de sable ; aussi dans ce pays la mesure normale de poussière qu'un homme doit avaler est-elle considérablement augmentée. Dans tout ce qu'on prend il y a du sable, et ce craquement perpétuel sous les dents gâte complètement le plaisir que l'on peut éprouver à manger. Il est probable qu'il en est autrement dans la belle saison, lorsque la récolte du sorgho n'est pas encore faite.

L'Ugogo ne produit pour l'instant que du sorgho et quelques mauvaises citrouilles ; on n'y cultive ni patates, ni arachides, ni manioc, ni autres plantes alimentaires ; rien que du sorgho et des troupeaux, et encore est-ce une énigme que de savoir de quoi les animaux peuvent vivre pendant la saison sèche, les gens du pays prétendent qu'ils mangent du sable. On les pousse dans la broussaille où ils trouvent çà et là un peu d'herbe desséchée ; mais, par endroits, le sol est si aride sous la broussaille qu'on n'y voit même plus de racines d'herbe. Impossible de trouver du fourrage pour nos ânes, ils vivent uniquement de sorgho, et dans l'intervalle ils en rongent des tiges qu'on a amassées pour brûler, car dans les districts

peuplés le bois de chauffage est également
rare.

29 octobre. — D'Itibwé à Nyangwira, quatre heures.

Notre route nous conduit à travers une
plaine partout cultivée et renfermant de nombreux tombés. Nyangwira est le district le plus
peuplé de l'Ugogo, et Mukongé est le plus puissant des princes Wagogos. C'est un malheureux
vieillard aveugle et son fils est, dit-on, tout
dévoué aux blancs. Au bout d'une heure nous
franchissons le lit desséché du Nyamgogo, appelé par les Wangwanas mto Mizanzi (rivière
des palmiers), car dans ce pays abonde une
espèce de palmier à feuilles en éventail, du
genre *Hyphæ*. Ce lit est en ce moment complètement à sec ; l'année dernière nous avions
campé au même endroit et rencontré de nombreuses mares. — Après avoir quitté le bord
de la rivière, nous marchons sans interruption
pendant trois heures et quart à travers la
plaine, dont la monotonie n'est interrompue
que par des groupes de cette espèce de palmiers

que je viens de nommer, et nous venons établir notre camp dans le voisinage de la résidence princière, au milieu d'un bois des mêmes arbres. Devant nous s'étend une plaine dénudée, offrant le plus beau champ de manœuvres que l'on puisse imaginer pour de la cavalerie; çà et là quelques tembés. Dans la campagne errent de nombreuses bandes de grues royales que l'on peut difficilement approcher.

Bientôt arrivent des envoyés de Mukongé qui nous disent : « Vous n'avez pas d'ivoire, « vous n'avez pas de pioches; quel hongo poi « vez-vous payer? Abattez un vieux tembé et « portez-en le bois au mtémi, ce sera votre « hongo. » Naturellement nous repoussons leur proposition. Les caravanes qui viennent de l'intérieur donnent ordinairement comme hongo quelques pioches que l'on se procure à bon compte dans l'Usukuma, l'Ugogo ne produisant pas de fer. M. Stanley envoya quelques étoffes et l'on finit par tomber d'accord; car d'une part Mukongé hésitait à recourir aux mesures de violence envers une caravane si bien armée, dont le chef sait fort bien se dé-

fondre le cas échéant, et d'autre part M. Stanley ne voulait pas pour quelques dotis exposer
la vie de l'un ou l'autre de ses gens. En cas
d'attaque le grand nombre des invalides ou des
malades, des femmes et des enfants, devenait
en outre une grande cause de faiblesse. Mais
ce système de hongos ne peut durer; il faudra
y mettre ordre. Nos porteurs ont tous de grandes quantités de tabac dont ils espèrent se
défaire ici avantageusement, car les Wagogos
usent beaucoup de tabac et n'en cultivent pas.
Mais le tabac wanyamuézi ne leur plaît pas,
et nos gens ne font que de médiocres affaires.
Les Wagogos préfèrent celui de l'Usagara, en
pains semblables à des mottes à brûler, car on
peut plus facilement le râper pour en faire du
tabac à priser, que les petits disques ronds et
tressés des Wasukumas. Aussi les caravanes
venant de la côte achètent dans l'Usagara de
grandes quantités de tabac, qui se revendent
ici très avantageusement.

30 octobre. — De Nyangwira à Kintingu,
deux heures.

Les Wagogos sont très voleurs, mais aujourd'hui ils n'ont rien pu nous prendre. Notre marche nous mène vers le Nord-Est; nous abandonnons la route des caravanes arabes qui traverse à l'Est des districts très peuplés et où, pour cette raison, on réclame de forts hongos que M. Stanley veut éviter. Sur notre route que suivent seulement M. Stokes et les indigènes, la population est rare et, par suite, on n'a pas à craindre les hongos. Stanley a encore des bœufs de Néra ce qui simplifie la question des vivres. Après une marche de deux heures sur la frontière du Nyangwira, c'est-à-dire le long de la broussaille, le guide déclare qu'il n'y a plus d'eau plus loin, et cependant je sais très bien que l'on en trouve toujours dans le Bubu. Nous campons donc dans la broussaille, près de sa lisière et des derniers tombés du Nyangwira, dans une localité appelée Kintingu.

Suivant notre habitude nous allons saluer M. Stanley à notre arrivée. Il est assis sous un arbre, en train de fumer sa pipe, tout en surveillant l'installation de sa tente. Quand elle est prête, il s'y glisse et ne reparaît plus qu'au lever du soleil. Je crois qu'il rédige ses notes, car chaque fois que je suis allé le voir dans sa tente, je l'ai trouvé assis devant un énorme volume. A son arrivée en Europe, l'univers impatient n'attendra pas longtemps une lecture intéressante. Je pense que le récit du voyage sera fini quand nous atteindrons la côte, car maintenant que l'on marche dans des conditions régulières et sur des chemins connus, M. Stanley n'a plus guère à se préoccuper de la caravane; c'est l'affaire de ses officiers.

Quand il est de bonne humeur, les quelques minutes que nous passons à causer avec lui pendant qu'on monte sa tente sont les plus intéressantes de toute la journée. Il raconte alors trait pour trait divers incidents de sa vie aventureuse, et c'est avec un tel feu, un tel bonheur d'expression, que l'on ne remarque pas comme il parle mal français. Il exprime alors ses idées sur la colonisation de l'Afrique et sur le rôle des missions. Aujourd'hui il est irrité contre les Wagogos qui lui ont fait payer

un hongo. « — Si cela s'était passé au commen-
« cement de l'expédition, je leur aurais donné
« un hongo de plomb. Nous avons eu cent cin-
« quante-trois escarmouches et sommes deve-
« nus un peu philosophes. Mais je voudrais
« revenir par ici avec la mission d'assurer la
« route ; en un mois ce serait fait, et un enfant
« pourrait passer. Des marchands s'installe-
« raient alors le long du chemin et le voyage
« deviendrait facile. Que l'on paie quelque
« tribut au chef, c'est dans l'ordre ; mais ces
« Wagogos ne font que piller, on n'en peut
« même obtenir de l'eau et, malgré le hongo, le
« chef n'est responsable de rien. Ses gens vo-
« lent dans le camp, dépouillent et massacrent
« les traînards ; il faut aviser. » — Ensuite il
parle de la mission de l'Uganda : — « Grâce à
« elle ce pays a pris plus de valeur que tout le
« reste de l'Afrique ; nulle part je n'ai vu dans
« toute la population un semblable désir de
« s'instruire. On ferait bien de consacrer tout
« son monde et toutes ses ressources à ce seul
« pays ; de là, comme une étoile, le christia-
« nisme rayonnera sur les autres régions. » —

Mais la tente est dressée et M. Stanley disparaît.

31 octobre. — De Kintingu à la rivière Bubu, deux heures et demie.

La nuit dernière trois fusils ont été volés à M. Stanley ; aussi est-il de mauvaise humeur dès le matin. « Si je n'avais pas toutes ces fem- « mes et tous ces malades, je n'hésiterais pas « une minute, les Wagogos payeraient cher « les fusils ; je commencerais le combat sur-le- « champ. » Et je le crois bien volontiers. Nous partons à cinq heures trois quarts et nous entrons dans la broussaille. Au bout d'une demi-heure nous entendons le tambour d'une caravane, et bientôt après nous en rencontrons une grande, se rendant de la côte à Uyui. Les gens marchent en rangs serrés. Mais qu'est-ce donc ? Un grand gaillard porte la main à sa tempe et dit : « Guten Morjen ! » (bonjour) [1], puis d'autres en font autant ; puis vient une

____

1. Il faudrait : Guten Morgen. — En écrivant « Morjen », le P. Schynse cherche à donner une idée de la prononciation des indigènes. (Note du traducteur.)

troupe de femmes qui toutes disent « Guten
« Morjen », en faisant le salut militaire. —
Mais, mon garçon, où donc as-tu appris cela?
demandai-je à l'un d'eux. — A Bagamoyo. —
Es-tu donc un Allemand? — Tous *Mtaki* (Allemands), et comme preuve il fait entendre un
vigoureux « Ja ! » — Plus loin vient un autre
tambour. Ce sont des gens de l'Urambo qui,
tous, hommes, enfants, et surtout les femmes,
font le salut militaire en disant « Guten Morjen ». Nous arrêtons le chef et lui demandons
des explications. — « Nous sommes Allemands,
dit-il, nous avons combattu auprès des Allemands à Bagamoyo et nous l'avons reconstruit
plus beau qu'il n'était. Maintenant tout est
allemand, il ne reste plus qu'à couper la tête
aux Arabes ; les Arabes de Bagamoyo sont
« kaput » (Warabu wa Bagamoyo kaput).

Nous continuons notre route, lorsque j'aper-
çois un fusil à répétition allemand. Le porteur
ayant une allure suspecte, je le lui prends,
pensant qu'il l'a volé ; mais bientôt arrive le
véritable propriétaire qui me montre un billet :
« Le Mnyamuezi Kihgu s'est bien conduit. —

Wissmann » — et, en outre, des paquets de cartouches. Alors je le lui rends. Les Wanyamuezis qui l'accompagnaient étaient tout étonnés de l'effet d'un petit billet. Kingu me raconte que M. le capitaine Wissmann était venu avec eux jusqu'à Mpuapua, et qu'après y avoir construit un boma il y avait laissé des blancs et des soldats.

Cette rencontre de la caravane nous a beaucoup retardés dans notre marche, car le sentier est si étroit dans la broussaille que deux porteurs ne peuvent se croiser qu'à grand'peine et avec beaucoup de précautions. Nous atteignons le Bubu à huit heures et demie. C'est un ruisseau profondément encaissé, large de 10 mètres, qui, à la saison des pluies, coule vers le Sud (jusqu'au Rufidschi). Maintenant il est à sec ; en creusant le sable, les gens trouvent aussitôt de l'eau ; nous aussi nous en avions trouvé l'année passée. Plus au Nord, dit-on, son eau serait courante. L'endroit où nous le traversons est situé à environ 5° 54′ Sud.

Vers midi, des courriers arrivent de la côte. Ils étaient venus par l'autre route jusqu'à

Nyangwira et nous avaient suivis. Nous avons donc des nouvelles des événements qui se sont passés là-bas. Buschiri est battu et les caravanes circulent escortées par des soldats allemands. Wissmann est allé à Mpuapua, où Buschiri avait détruit le poste; il y a rebâti un fort, mais il est, paraît-il, retourné à la côte, en y laissant trois blancs avec 100 soldats et un officier, qui doit accompagner Emin-Pacha jusqu'à la côte. Les courriers continuent ce soir leur route jusqu'au Nyanza. — Sur le bord du Bubu l'on voit encore quelques palmiers (des *Hyphæ*).

1er novembre. — Du Bubu à Magombia, cinq heures et demie.

C'est aujourd'hui la Toussaint, mais l'endroit où nous sommes ne nous permet pas de nous arrêter; que ce soit fête ou dimanche, il faut que la caravane aille de l'avant; les marches sont commandées par les circonstances, à peine avons-nous le temps de dire la sainte messe. Nous sommes obligés de célébrer la fête avant le jour; puis commence le tumulte précurseur du départ et, au lever du soleil, trois coups de sifflet stridents, lancés par M. Stanley, annoncent que chacun doit prendre son rang et se mettre en marche. M. Stanley exige une sévère discipline et ses gens le connaissent. A peine le dernier coup de sifflet a-t-il retenti que tous se trouvent sur le sentier, prêts à marcher, la charge sur l'épaule. M. Stanley allume sa courte pipe et, armé d'un long bâton, prend la tête de la colonne, suivi d'un jeune garçon portant son parasol, de son domestique avec sa carabine Winchester et d'un Mgwana qui conduit l'âne. Puis vient la caravane. Au bout d'une heure ou deux M. Stanley monte sur son âne et l'allure devient plus vive. Malgré tout il n'y a pas de traînards parmi les gens de Stanley ; devraient-ils galoper, ils ne peuvent s'attarder, car les deux compagnies viennent derrière en rangs serrés. A vrai dire c'est autre chose pour les Soudanais. La troisième compagnie, marchant tout à fait en queue, est obligée de les pousser en avant.

La contrée, depuis le Bubu jusqu'à Magombia, présente de nombreuses traces de cultures anciennes ; par endroit on y trouve encore des restes de tombés. Toutefois, je ne puis affirmer si les habitants ont été chassés par la guerre ou s'ils se sont retirés parce que le sol s'est épuisé par la culture.

Pendant la plus grande partie de la route je cause avec Emin-Pacha, qui ne fait aucun mystère du but véritable de l'expédition. Comment un homme aussi retors qu'un marchand écossais aurait-il eu tout à coup l'idée de consacrer des sommes importantes à la recherche d'un employé égyptien, dont peut-être jusqu'alors il n'avait pas même entendu prononcer le nom ? Ce n'était pas pour le D' Emin-Pacha, mais pour la province dont il était gouverneur et pour son ivoire que l'on avait entrepris l'expédition. Si les circonstances étaient restées ce qu'elles étaient, les quatre mille quintaux d'ivoire accumulés à Wadelaï en auraient amplement couvert les frais et auraient constitué un fonds de réserve pour quelques années. Entre temps Emin-Pacha aurait amassé d'autre ivoire, on aurait ainsi annexé une belle province sans bourse délier, et on en aurait tiré

des ressources suffisantes pour la mettre en com-
munication avec Mombassa. Si l'on approvi-
sionnait Emin-Pacha, il devait, en revanche,
mettre son influence et sa connaissance du pays
au service de ses libérateurs, et le tout se serait changé en une heureuse spéculation com-
merciale. « Je suis très reconnaissant à ces
« messieurs de ce qu'ils ont fait, conclut le doc-
« teur, mais j'ai pénétré le but véritable de
« l'expédition dès mon premier entretien avec
« Stanley. S'il ne m'a pas fait de proposition
« directe, j'ai cependant senti tout de suite
« qu'il y avait là-dessous autre chose que le
« simple désir de rapatrier quelques employés
« égyptiens. »

Tout en causant, nous sommes entrés dans
un pays découvert où nous apercevons des
tembés isolés. Nous campons à Magombia, qui
dépend aussi du mtémi de Nyangwira. Mais la
tribu est trop peu nombreuse pour pouvoir
nous extorquer un hongo. L'eau est assez abondante ici, dans des trous profonds d'environ
3 mètres, mais les vivres sont rares, moins
rares cependant que l'année dernière, où les

porteurs ne purent trouver que de mauvaises citrouilles qui provoquèrent chez eux des maladies. Dans l'après-midi tombe une pluie légère ; serait-ce le commencement de la petite saison pluvieuse qui, dans cette contrée, se produit aux mois de novembre et de décembre, mais qui, souvent aussi, fait défaut ? — Magombia est situé sur une légère éminence qui, vue de Kitingu, a l'air d'une chaîne de collines basses ; mais la pente est à peine sensible.

2 novembre. — A Magombia M. Stanley accorde de la viande et un jour de repos, car ici il y a toujours plus de ressources que nous n'en trouverons plus loin. Par suite des vols réitérés de fusils les sentinelles sont maintenant un peu plus consciencieuses et rien ne nous est dérobé. L'Ugogo a une mauvaise réputation à cause des nombreux vols qui s'y commettent. Les chefs Wanyamuczis font payer, eux aussi, des hongos, mais du moins ils restituent, quand ils le peuvent, les choses dérobées, ce dont il n'est nullement question chez

les Wagogos. (Magombia est à 5°5′ de latitude sud.)

3 novembre. — De Magombia au camp dans le pori, six heures.

Depuis Nyangwira nous avions marché vers le Nord-Est; aujourd'hui nous tirons au Sud-Est. Nous descendons de la colline dans une vallée où un cône de granit s'élève jusqu'à la hauteur de cette même colline, puis nous traversons un pays légèrement ondulé, toujours à travers la broussaille. A neuf heures, nous mettons le pied dans une vaste plaine couverte de ronces et d'acacias. Dans la saison des pluies elle est sous l'eau et forme un grand marécage. Au Nord se dresse une haute chaîne de montagnes qui se dirige vers l'Est. On nous raconte que derrière ces montagnes se trouve la colonie arabe de Sandauzi, et, un peu plus loin, Irangi. Pour y arriver il faut aller de Mpuapua à Matako, où nous devons être demain, puis, se dirigeant vers le Nord-Ouest, traverser pendant plusieurs jours un pori sans eau. Une caravane met huit jours pour aller de Matako à Irangi, et cela concorde avec les renseignements qu'on nous a donnés à Muhalala.

Tout en marchant constamment dans la broussaille nous atteignons encore trois autres étangs à sec, mais plus petits que le premier, et tous appelés naturellement « ziwanis », et à midi nous campons en pleine broussaille le long du sentier. Heureusement aucun danger ne nous menace ici, car, en cas de surprise, nous serions dans une très fâcheuse position. Chacun s'attendait à ce que l'on ne trouvât pas d'eau, mais cependant presque tous les porteurs avaient bu leur provision. Le camp une fois installé, des troupes entières partirent pour en chercher, naturellement sans emporter d'objets d'échange. Connaissant le pays, je donnai du tabac et des étoffes à l'homme qui était chargé de nous rapporter de l'eau ; il fut le seul à en trouver ; nombre d'autres, des femmes et des enfants, restèrent près des sources, où le liquide ne coule que très lentement ; il faut attendre une demi-heure pour en avoir un litre. Si l'on creusait deux pieds plus avant, on en aurait suffisamment, mais personne n'y songe. Les Wagogos mettent cette circonstance à profit ; ils défendent de puiser aux fontaines abondantes et les porteurs sont obligés par suite d'acheter de l'eau. L'année dernière nous avons dû la payer à Matako 25 à 30 centimes le litre. Habituellement on paie avec du tabac ; mais, l'an passé, la caravane de Mtérékéza était campée à côté de la nôtre et les deux réunies comptaient plus de 2,000 hommes. Il y avait donc beaucoup de consommateurs, et les Wagogos, devenant impudents, refusèrent d'accepter le tabac et demandèrent des étoffes. Ce furent les gens de Mtérékéza qui commencèrent à payer en cette monnaie, mais, le lendemain matin, il leur manquait trois charges d'étoffes et deux fusils, volés, je le crois bien, par nos hommes, qui se dédommageaient ainsi du tort que leur avait causé le renchérissement de l'eau.

Emin-Pacha est un peu souffrant ; nous lui avons offert du vin dont nous nous servons pour la messe, mais il l'a rapporté sans y avoir seulement goûté. « Je vous le redemanderai « un jour pour un malade, dit-il ; jusque-là

« je vous prie de le garder. » C'est pour moi une énigme que de comprendre comment cet homme peut vivre et supporter les fatigues du voyage. Le matin il prend une petite tasse turque de café, sans le moindre ingrédient ; puis vient la marche, qu'il fait, il est vrai, à dos d'âne. Au camp, le soir arrive souvent sans que ses gens lui aient rien préparé. Jusqu'à présent je n'ai vu en Afrique aucun Européen vivant de si peu. D'autre part il tient beaucoup à sa table et à sa chaise, sans lesquelles il ne peut travailler. Son temps appartient à la science, ce qu'il lui en reste, il le consacre à sa petite fille, qu'il soigne comme la prunelle de ses yeux. Cette enfant est toujours portée devant lui dans un hamac, et assez près pour qu'il puisse surveiller ce hamac, malgré sa mauvaise vue.

4 novembre. — Du camp dans le pori jusqu'à Njasa, quatre heures.

Après une marche de plus d'une heure à travers la broussaille, nous atteignons de bon matin une plaine découverte, qui doit être

inondée à la saison pluvieuse, et une heure
après les sources presque à sec de Matako, où
nous avions campé l'année dernière. Matako
ne se compose que de quelques tembés, abandonnés pour la plupart. C'est là que la route
bifurque dans la direction d'Irangi. Nous abandonnons le chemin de la forêt, car, n'ayant pas
d'eau à Matako et ne devant en trouver sur ce
chemin qu'au bout de neuf heures, nous serions
obligés de nous tenir plus au Sud pour rencontrer des villages et de l'eau. Nous traversons une ondulation en forme de plateau qui
se dirige vers le Sud-Ouest, et nous atteignons
vers dix heures les tembés de Njasa, près des-
quels nous campons. L'eau est assez abondante,
mais de médiocre qualité. Le pays n'est que
peu cultivé, les tembés sont petits ; en revanche les habitants ont de très nombreux troupeaux, preuve que les environs sont encore
assez peuplés, car les troupeaux seraient volés
si leurs propriétaires n'étaient pas assez forts
pour les défendre. Il est difficile de se procurer des vivres, les Wagogos demandant des prix
insensés. A vrai dire, ils n'osent pas parler

ouvertement du hongo qu'ils exigent des petites caravanes, et qui détermine celles-ci à choisir la route sans eau à travers la forêt ; ils disent seulement qu'ils ont forcé Mtérokéza à en payer un, ce qui est un pur mensonge, et s'abstiennent prudemment d'essayer d'en extorquer un à Stanley.

5 novembre. — De Njasa à Ipara, trois heures.

A travers une contrée en partie cultivée, en partie couverte de migongwas (sorte de petit acacia épineux au bois très dur), nous descendons de l'éminence où nous avons campé; dans une vaste plaine couverte d'herbe, où de nombreux amas de stalactites calcaires attirent notre attention ; cette plaine était apparemment recouverte autrefois par les eaux. On ne trouve que rarement le calcaire dans l'intérieur de l'Afrique, mais ici les débris de stalactites sont répandus partout, et par endroits on en trouve des amas qui sans doute doivent leur formation à la superstition des caravanes. De pareils tas de sable, de bois ou de pierres exis-

tent souvent au bord du chemin, et chaque
porteur a soin d'y ajouter quelque chose; une
pierre, un morceau de bois, ou même, en passant, un peu de sable poussé avec le pied. Puis
nous gravissons lentement une autre chaîne de
collines, et après une marche de trois heures
nous nous installons tout en haut près d'un
village nommé Ipara et ne consistant également qu'en quelques tombés.

Du point où nous sommes, nous dominons
une vaste étendue de pays. Du Nord à l'Est
l'horizon est borné par une haute chaîne de
montagnes que nous apercevions déjà au Nord-
Est depuis notre départ de Magombia. Au Sud
court une autre chaîne moins élevée, qui sans
doute va se confondre à l'Est avec la première,
et d'où se détachent de petits contreforts qui
descendent jusqu'à nous. La hauteur sur laquelle est Ipara lui-même est un de ces contreforts. Au Nord-Est le pays semble s'abaisser
jusqu'au pied des montagnes. Je ne sais quelle
peut être la direction des eaux; je me sou-
viens bien qu'il existe un lit de ruisseau près
du Marenga mkali, mais je n'ai pu consta-

ter s'il emmenait l'eau du Marenga ou s'il l'y amenait.

6 novembre. — D'Ipara à Msanga, quatre heures.

Nous marchons vers l'Est en nous rapprochant constamment de la haute chaîne de montagnes qui forme l'arête du plateau intérieur du côté de la mer. Tantôt nous avançons à travers la broussaille, tantôt nous traversons une plaine assez découverte, puis, après une marche de quatre heures, nous atteignons le district de Msanga, sur la frontière sud-est duquel nous campons. Nous ne sommes plus qu'à une demi-heure du pied de ces montagnes qui, bien que couvertes de brouillards, nous offrent un aspect dont nous sommes privés depuis longtemps. Malheureusement elles sont encore arides et desséchées. L'eau non plus n'y sera pas bien abondante ; du moins nos gens restent absents des heures entières ; mais malgré tout l'œil est réjoui par ce nouveau spectacle. — Msanga est le district le plus peuplé que nous ayons rencontré depuis Nyangwira, car nous avions laissé au Sud tous les cantons populeux. On me dit qu'il y a ici quarante-quatre tembés.

Les gens de Msanga passent pour être les plus voleurs parmi les Wagogos, et ce n'est pas peu dire. Ils viennent en effet dans notre camp pour voir et, à peine pouvons-nous en croire nos oreilles, réclamer un hongo, ce qu'ils n'ont pas fait avec les blancs depuis quatre ou cinq ans. A cette époque un marchand allemand qui essayait d'aller à Tabora pour acheter de l'ivoire traversa leur pays. Il avait une escorte nombreuse et bien armée, et pas de marchandises. Comme il refusa de payer le hongo qu'on lui demandait, sous prétexte qu'il n'avait rien, les gens de Msanga l'attaquèrent. Mais ils furent repoussés par les askaris, et l'Allemand, prenant à son tour l'offensive, s'empara d'un tembé dans lequel il se fortifia et attendit tranquillement les événements. Le tembé renfermait assez de vivres, et la source étant à portée de fusil, les Wagogos n'osèrent empêcher d'y puiser de l'eau. L'affaire prenait une tournure si grave que les indigènes commencèrent à négocier et, au lieu de recevoir un hongo, durent fournir des bœufs et de l'ivoire pour se débarrasser de ce blanc si dangereux. Les Wangwanas de Stanley rappelèrent cette histoire aux gens de Msanga et laissèrent prévoir que l'on ferait de même, et encore pis. La leçon avait suffi; on ne parla plus de hongo. Du reste ils auraient mieux fait de surveiller leurs troupeaux que de venir fainéanter dans notre camp, car pendant ce temps une bande de Masaï était sortie de la montagne voisine et leur avait enlevé un certain nombre de vaches. Ces montagnes sont habitées par des tribus Masaï, et c'est des environs, paraît-il, que Mintinginia avait fait venir les Wahumbas qu'il lança sur l'Usongo.

7 novembre. — Les vivres étant ici un peu plus abondants, nous y restons un jour que j'emploie en partie à déterminer la longitude. L'année dernière nous avions campé à une heure de marche plus au Nord et exercé pendant la nuit une surveillance très active, puis nous nous étions mis en route à travers la fo-

rêt. Rien ne nous avait été volé, et cette fois encore il en a été de même ici. Au soir, quelques-uns de nos Bukumbis se rendent à un tombé et ne reviennent qu'à la nuit, riant et ramenant une chèvre. Ils nous racontent une curieuse histoire. Cette tribu nègre pratique des sortilèges pour obtenir de la pluie et une belle récolte de sorgho. Mais aucun sorcier n'est prophète en son pays. Pour des choses aussi importantes que l'eau et la récolte on va chercher des sorciers fort loin. Un de nos porteurs affirme alors qu'il y est passé maître, et naturellement les autres confirment son dire. On lui demande de faire à l'instant de la pluie, mais c'est un rusé gaillard. — « Pour cela il me faut plusieurs jours, et comme je pars demain, je regrette vivement... » — Mais pour une bonne récolte de sorgho il pourrait faire des « Dawas » moyennant une chèvre. Le marché fut conclu, quelques contorsions furent faites, la chèvre fut amenée au camp et mangée sur-le-champ à la grande joie des Bukumbis, tout fiers du tour qu'ils avaient joué. Et chez eux ces mêmes gens font venir de loin des sorciers qu'ils paient fort cher, pour obtenir une bonne récolte et ouvrir le ciel quand il est fermé ! Kigonga, le mtémi de Bukumbi, a une grande réputation comme faiseur de pluie et malgré cela, chaque année il envoie chercher un autre sorcier pour procurer ce bienfait à ses sujets ! A trompeur trompeur et demi ! Avec tout cela, ces gens tiennent à leur croyance aux sorciers, bien plus qu'on ne pourrait le penser en voyant si manifestement la supercherie. Combien de fois nous demande-t-on de faire de la pluie. De longues années de prédication seront nécessaires pour affranchir les nègres de cette croyance ridicule et les amener au Dieu qui seul peut leur donner, avec les biens temporels, le salut éternel.

8 novembre. — De Msanga à Niagalu, deux heures et quart.

De notre camp jusqu'à l'entrée du Marenga mkali nous n'avons qu'une petite marche. Au bout d'une heure nous atteignons Masweyu, un village tout nouveau ; la forêt a été défrichée il y a peu de temps et les tombés sont cachés dans la broussaille. Il y a cinq ou six ans tout n'était encore que pori, aujourd'hui le district est assez peuplé ; seules les souches d'arbres restées au milieu des champs de sorgho indiquent que la broussaille n'a été abattue que depuis quelques années. Nous traversons un lit de ruisseau se dirigeant vers le Nord-Est et aboutissant à un autre plus important qui coule vers l'Est ; nous suivons celui-ci quelque temps jusqu'à la limite du pays cultivé, et après une marche de deux heures et quart nous établissons notre camp dans la vallée, sous de grands acacias en forme de parasols. Cette vallée étroite est la route que les eaux du bassin nord-est de l'Ugogo se sont frayée à travers le Maronga mkali et ensuite vers le Sud ; dans le ruisseau lui-même apparaît encore çà et là un filet d'une eau quelque peu salée. La contrée s'appelle, sans doute, d'après le ruisseau, Niagalu, nom qui désigne surtout les hautes montagnes que nous voyons maintenant au Nord. Elle est habitée par des Masaï, dont le chef, Ngaru, est l'ami de Mintinginia. Ngaru habite à Kisongo ; ce sont ses gens qui ont enlevé, il y a deux jours, les troupeaux de Msanga. Peu après notre arrivée au camp apparut une bande de Masaï forte d'environ 150 hommes, avec le bouclier et la lance; les chefs y maintiennent une sévère discipline, car, sans dire un mot et sans quitter d'un pas le sentier, ils défilèrent rapidement devant le camp, se suivant comme des oies. Sans doute ils en veulent cette fois aux bœufs d'une autre tribu Ugogo.

Nous sommes ici juste à la frontière de la contrée si redoutée des caravanes et portant le nom de Marenga mkali, c'est-à-dire en Kinyamuézi : Eaux amères. Le mot « chunyu » qui désigne sur certaines cartes les villages a le même sens. Chunyu, l'eau amère, se trouve partout, et chaque campement s'appelle dans cette contrée chunyu. Mais ce n'est pas seulement le manque d'eau qui a donné une si mauvaise réputation au Marenga mkali; rarement une caravane traverse le pays sans être attaquée par des bandes de Masaï. — Quelle sera la distance pour arriver à l'eau par la route du Sud? Je l'ignore; mais par celle que nous suivons nous avons jusque-là une bonne journée de marche, pas trop terrible cependant; nous avons fait sans peine des étapes pareilles et même plus fortes. Mais malgré cela les mots : « demain nous entrerons dans le Marenga mkali » font naître un léger frisson chez la plupart des gens.

En errant dans la broussaille voisine pour tuer quelques oiseaux destinés à Emin-Pacha, j'ai cueilli par hasard un jeune bourgeon encore sans feuilles, sur un arbrisseau qui ressemble à un pommier sauvage. Mes mains sentaient très fort l'essence de térébenthine. Après un examen plus approfondi, je trouvai que la sève de cet arbrisseau est très visqueuse et répand une forte odeur de térébenthine. Les feuilles et les fleurs n'étant pas encore poussées, il était impossible de rien déterminer. Les Waswahelis nomment cet arbuste mtuitui et en mâchent les jeunes pousses dans les affections de la poitrine, ce qui reviendrait au traitement par l'essence de térébenthine. On trouve cette plante partout, depuis le Nyanza jusqu'ici, mais cette odeur térébenthinée m'a frappé pour la première fois aujourd'hui seulement que l'arbuste est en pleine sève.

9 novembre. — De Niagalu à Kambi par le Marenga mkali, six heures trois quarts.

En l'honneur du Marenga mkali nous sommes debout de très grand matin. Dès cinq heures la caravane est en marche. Nous suivons quelque temps l'étroite vallée où nous avons campé, puis nous entrons dans la plaine après avoir franchi le ruisseau mentionné hier ; il coule vers le Sud et toutes les eaux du Marenga mkali paraissent prendre cette direction. Au Nord, une chaîne de petites collines nous accompagnent à travers la plaine, mais elles tournent ensuite vers le Sud et nous sommes obligés de les franchir, car notre marche nous mène vers le Sud-Est. Arrivés sur le sommet, nous apercevons la seconde des chaînes de montagnes qui forment le bord du plateau du côté de la mer, celle de l'Usagara ; c'est au pied de ces montagnes que nous devons camper aujourd'hui. Elles s'élèvent à une grande hauteur, renfermant des abîmes pittoresques et sauvages, mais sont actuellement arides et brûlées par le soleil. Peu à peu nous nous en approchons; puis, passant devant un pic élevé, à double sommet, nous campons à onze heures trois quarts au pied de cette montagne, abrités contre la violence du vent d'Est par une petite éminence.

Ce qui frappe dans ces montagnes, c'est leur forme généralement conique; on voit un grand nombre de cônes semblables s'élever du sol en avant du massif et même au milieu de la plaine. L'un d'eux la domine d'au moins 800 mètres. Je suis trop peu savant en géologie pour pouvoir reconnaître la nature de ces roches, mais toutefois, à moi profane, elles me paraissent d'origine volcanique. Entre notre camp et les hautes chaînes de montagnes allant du Nord-Ouest au Sud-Est se trouve la plaine de Kambi; elle est assez peuplée, mais jouit d'une mauvaise réputation à cause du vent violent qui y règne toujours. Les tembés sont presque tous situés au pied de la montagne, d'où descendent de nombreuses sources dont l'eau se perd à peu de distance.

La population est mélangée. Elle se compose surtout de Wagogos, mais nous trouvons aussi quelques Wanyamuézis, et entre autres des Masaï, qui viennent ici abreuver leurs troupeaux. M. Stanley a encore bon nombre de bœufs. Peu de temps après l'installation du camp, l'officier soudanais qui est chargé du troupeau, — un beau nègre à l'allure militaire, — se présenta devant l'explorateur et lui annonça que 60 à 70 Masaï avaient soudain fait irruption dans la caravane et cherché à emmener les bœufs. Il leur avait intimé l'ordre de laisser les animaux tranquilles, mais ces Masaï ne l'écoutant pas et cherchant au contraire à emmener le bétail dans la broussaille, lui et ses gens avaient tiré. Deux étaient morts, les autres avaient pris la fuite. L'escorte du troupeau est forte de dix à douze hommes, qui ont donc suffi pour repousser une attaque de Masaï. La bravoure de cette race si redoutée partout repose sur la lâcheté de ses adversaires. Des Wanyamuézis et même des Wangwanas auraient pris la fuite devant cette subite attaque, et les bœufs auraient été perdus. Nos

Soudanais, déguenillés mais intrépides, firent feu, et les Masaï, quoique supérieurs en nombre, gagnèrent aussitôt le large, évitant un combat dont ils seraient certainement sortis vainqueurs, mais non sans perdre quelques hommes. Nos gens fatigués par cette marche pénible — nous étions allés très vite, M. Stanley ayant dit qu'il voulait traverser le Marenga mkali en six heures — allèrent chercher la première eau venue, qui était assez salée. En face, dans la montagne, il s'en trouve de très bonne, mais elle est encore à une heure et demie ou deux heures de marche.

10 novembre. — De Kambi à Mpuapua, quatre heures et demie.

« C'est aujourd'hui que nous arrivons à Mpuapua ! » crient de grand matin les porteurs. Mpuapua est en effet une étape importante sur le chemin de la côte. Avec le Marenga mkali, si mal famé, finit le désagréable pays d'Ugogo ; à Mpuapua il y a des vivres, et l'on y fait séjour. Pour nous-mêmes Mpuapua n'est pas indifférent, car là nous aurons enfin des renseignements précis sur les événements de la côte et sur les affaires d'Europe. Aussi personne n'a-t-il besoin qu'on le pousse en avant, et longtemps avant le coup de sifflet du maître la plus grande partie de la caravane est déjà en marche. Nous traversons la plaine de Kambi, franchissant plusieurs lits de ruisseaux à sec, qui à la saison des pluies conduisent vers le Sud-Est l'eau venant des montagnes situées devant nous. Ensuite nous commençons à monter d'abord lentement, et nous passons devant un campement de Masaï. Quelques-uns de ces brigands se sont retranchés là entre d'énormes blocs de granit et y ont mis en sûreté les nombreux troupeaux de bœufs qu'ils volent partout. Ce sont sans doute les gens de ce camp qui ont tenté hier ce hardi coup de main contre le bétail de notre caravane.

Ce campement dépassé nous gravissons péniblement des roches calcaires, et ce n'est qu'au bout de deux heures que nous atteignons le col. La chaîne de montagnes que nous franchissons semble, au Sud, se confondre avec la plaine, de sorte que l'on peut, sans monter, y passer de Mpuapua au Marenga mkali. Tout au loin, dans la direction du Sud, nous voyons sur le bleu du ciel d'autres montagnes allant vers le Nord-Ouest. La descente dans la plaine s'effectue rapidement. A gauche dans la montagne est la mission anglaise de Kisokwé, que Buschiri n'a pas inquiétée. Une fois dans la plaine, nous suivons dans la direction de l'Est-Sud-Est la chaîne de collines qui est à notre gauche. Le pays est en partie cultivé ; dans d'autres endroits nous marchons sous de hauts acacias-parasols. Le sol est formé d'un terreau dans lequel les pluies ont creusé de profonds ravins, désagréables à traverser.

En sortant d'une broussaille, nous découvrons le drapeau allemand sur une légère hauteur dans la plaine, et après une marche de quatre heures et demie nous campons sous de grands sycomores près du ruisseau de Mpuapua, la première eau courante (à l'exception des torrents dans la saison des pluies) que je rencontre depuis que j'ai franchi ce même ruisseau l'année dernière. Ce ruisseau, lui aussi, se perd au bout de quelques centaines de pas dans le sable de la plaine; mais au contraire, si l'on remonte dans la gorge d'où il sort, on trouve que plus haut il devient toujours plus abondant, et au bout d'une demi-heure on a devant soi une eau fraîche et limpide murmurant agréablement à travers les blocs de granit. Les bœufs ne peuvent venir jusque-là, mais un peu plus bas l'eau est salie par les troupeaux et doit provoquer des maladies. De plus, à mesure que le débit du cours d'eau diminue, son goût salé augmente.

C'est au débouché de ce ruisseau dans la plaine que se trouvent sur un contrefort de la montagne les ruines de l'ancienne station allemande détruite par Buschiri. Un Allemand, M. Nielson, y fut tué; une croix indique la place de la sépulture : R. I. P. [1] M. Giese put s'échapper et arriver à la côte. L'année dernière j'avais passé avec ces messieurs quelques heures agréables, personne ne songeait encore aux dangers, la nouvelle du soulèvement n'était

---

1. *Requiescat in pace.*

pas arrivée jusque-là ! — Dans la construction de l'ancienne station on semblait avoir pris pour modèle un des vieux châteaux d'Allemagne ; le nouveau fort, au contraire, est bâti suivant les exigences de la science moderne. Au milieu de la plaine se trouve une éminence à laquelle on peut accéder de tous côtés par une pente douce. M. Wissmann y a fait construire en blocs de granit une épaisse muraille sèche haute de 2 mètres, formant un carré d'environ 40 mètres de côté. Sur un bastion, dominant toute la plaine, est braquée la petite pièce d'artillerie qui se trouvait dans l'ancienne station et qu'un chef indigène a sauvée. A l'abri de la muraille s'élèvent les huttes des 100 soldats soudanais ou zoulous et les tentes des trois Européens qui commandent cette troupe.

Le commandant, malade de la dysenterie, est couché dans une hutte de terre, de construction primitive. Toute cette installation porte le cachet du provisoire, mais, en tout cas, elle est bien militaire. Le fort commande au loin toute la plaine ; l'épaisse muraille offre aux défenseurs une protection complète, et de plus un large rempart de broussailles d'acacias, dont l'unique entrée est fermée la nuit, en défend entièrement l'accès. Le pays étant découvert jusqu'à une portée de fusil, il est impossible de songer à s'emparer du fort par surprise. Il n'y manque qu'une seule chose : l'eau. On va la chercher au ruisseau, distant d'environ 500 mètres ; mais, dans cet endroit il est souillé par les troupeaux, et cette eau donne forcément la dysenterie ; c'est à cette cause que j'attribue les cas de cette maladie qui se sont déclarés à Mpuapua.

M. le lieutenant Schmidt, un des chefs de l'expédition, avait été laissé à Mpuapua par M. Wissmann pour servir de guide et d'escorte à Emin-Pacha. Il m'a dit que l'on n'y buvait plus que de l'eau bouillie, mais il souffre, lui aussi, d'une affection analogue à la dysenterie. Je crois que l'intérêt de la santé commune exige absolument que l'on creuse à Mpuapua un puits pouvant fournir à la garnison de l'eau de bonne qualité. M. Giese en avait fait creuser un dans la vallée pour ses hommes, mais aujourd'hui ce puits est comblé. Lui-même envoyait chercher de l'eau à une source située fort loin dans le ravin, et n'avait pas besoin de boire de l'eau contaminée du ruisseau. Aussi n'ai-je pas entendu dire qu'il se soit plaint de la dysenterie..

Le poste de Mpuapua est important comme étape vers l'intérieur. Déjà maintenant les caravanes arabes l'évitent, car elles amènent presque toutes des esclaves. Plutôt que de passer par cet endroit, elles préfèrent traverser pendant deux jours un pays montagneux et privé d'eau. Mais quand l'ordre sera complètement rétabli sur la côte et que les Allemands auront pénétré jusqu'à Unyanyembé, on pourra forcer ces caravanes à faire viser leurs papiers à chaque poste allemand. Il faut que l'on empêche de tourner Mpuapua, car beaucoup de pauvres gens, porteurs et surtout esclaves, trouvent la mort dans ces sentiers de montagnes impraticables, à travers d'arides solitudes. Il y a dix ans, Mpuapua était encore peu peuplé; aujourd'hui toute la vaste plaine jusqu'aux montagnes du Sud est déboisée, et de nombreux tembés s'y sont élevés. La population se compose surtout de Wagogos, mais ils ne sont pas si effrontés que dans leur vrai pays. Sur la frontière, la broussaille s'éclaircit chaque jour. Ici il y a une mission anglaise, qui a été également pillée par Buschiri. M. Schmidt nous raconte qu'un chef, probablement complice de l'Arabe, avait enivré les sentinelles de la station allemande, et que Buschiri avait pu ainsi pénétrer sans difficultés dans le fort et y tuer M. Nielsen. M. Giese sauta par la fenêtre et se réfugia chez les indigènes. Quelques-uns de ses soldats firent feu sur Buschiri qui prit également la fuite et perdit son âne. Ce ne fut que longtemps après qu'il revint une seconde fois et détruisit la station abandonnée[1].

1. Cette surprise eut lieu le 28 juin. Les coups de fusil avaient aussi réveillé les habitants du village de Mpuapua, situé non loin du poste, et ils se portèrent contre Buschiri avec 10 fusils Mauser que Giese leur avait distribués. Buschiri dut se retirer en perdant plusieurs hommes. Après que le lieutenant Giese fut resté caché jusqu'au 2 juillet, attendant la guérison de ses pieds blessés par les épines, il reprit le chemin de la côte, accompagné seulement de deux askaris, et arriva heureusement à Bagamoyo.

11 novembre[1]. — Mpuapua. Aujourd'hui nous nous reposons. Je vais au fort pour causer allemand. Le commandant est gravement malade de la dysenterie; le Dr Emin-Pacha avec le Dr Parke, médecin de l'expédition Stanley, lui prodiguent leurs soins. Cette dysenterie si fréquente à Mpuapua est uniquement causée par la mauvaise qualité de l'eau; il faudrait remédier le plus tôt possible à cet état de choses. Si quelque lecteur de ces lignes est jamais poussé vers l'Afrique, voici un remède qui lui sera peut-être de quelque utilité : en cas d'attaque légère, et dès le début de la maladie, boire à petites doses, en vingt-quatre heures, 20 à 25 gouttes d'acide phénique mélangées dans un litre d'eau. Le malaise disparaîtra dès le premier jour. Dans le cas contraire, il faut répéter le traitement le second jour et l'on sera certainement guéri. Si l'attaque est plus grave, on doublera la dose d'acide phénique et l'on donnera par jour trois injec-

---

1. Le journal des jours suivants (du 11 au 17 novembre) a été rédigé après coup. Cette circonstance explique les quelques redites qui s'y trouvent.

tions intestinales de ce mélange, chacune d'un tiers ou d'un quart de litre. Nous avons perdu beaucoup de missionnaires en Afrique, mais grâce à ce remède aucun jusqu'ici n'a succombé à la dysenterie. La mauvaise qualité de l'eau exposant souvent à de pareilles affections, je conseillerai à tout voyageur de considérer un irrigateur comme objet de première nécessité. En outre des cas de dysenterie, cet appareil peut rendre d'autres bons services, car il évitera dans beaucoup de circonstances nombre de pilules et autres remèdes.

Le soir les Zoulous de la garnison viennent exécuter une danse de guerre qui remplit de terreur nos braves Wasukumas. Les Zoulous forment un cercle ; au milieu de ce cercle l'un ou l'autre d'entre eux livre des semblants de combat à un ennemi imaginaire, en faisant des bonds désordonnés qui dénotent une extraordinaire souplesse. Le chant de ceux qui l'entourent varie suivant le genre de combat. Tantôt un nègre s'élance armé d'un bâton, puis, évitant par des bonds agiles les coups de ses adversaires supposés, il les terrasse l'un après l'autre ; ensuite un autre s'avance en glissant sur la terre comme un serpent, le fusil en joue, avec autant d'adresse que d'agilité. Un troisième provoque son adversaire avec un grand sabre, et lui prédit du geste, à ne pas s'y tromper, qu'il va lui trancher la tête, ce qu'il fait en effet après une courte lutte, aux applaudissements de l'assistance. Puis un gaillard gigantesque sort des rangs, tenant à la main une courte épée et, sautant de tous côtés, il se débarrasse de ses ennemis invisibles, en s'accompagnant d'un violent sifflement, que tous imitent en mesure. Dans cette lutte il roule souvent à terre, représentant un combat corps à corps comme Cooper en décrit dans son *Dernier des Mohicans*. En terminant il s'approche du P. Girault et lui caresse la barbe : c'est pour eux la plus grande marque d'amitié, elle signifie : « Je suis ton ami et je couperai la tête à tous tes ennemis. » Nos Wasukumas ne pouvaient que répéter « Wangonis » ; ils reconnaissaient dans les soldats zoulous les Wangonis si redoutés chez eux, ou, suivant d'autres, les Watutas qui, vers 1860, sont en effet venus du Sud dans l'Unyanyembé et ne vivent que de vol et de pillage. Mirambo du reste les a presque tous anéantis. Ce jeu guerrier terminé, quand les terribles « Wangonis » eurent reformé leurs rangs et repris le chemin du fort dans un ordre militaire, les Wasukumas disaient : « Maintenant nous croyons que les « blancs sont plus forts que nous, car partout « où il y a des diables sur la terre, ils savent « les dompter, leur apprennent à combattre « comme eux et les lancent ensuite contre « leurs ennemis. Avec cent de ces Wangonis, « vous pouvez aller où vous voudrez. »

12 novembre. — L'état de M. de Medem étant très critique, M. Stanley reste un second jour afin de ne pas le priver des soins des médecins. Les indigènes de Mpuapua sont complètement soumis à l'influence allemande. Sur l'ordre de M. Schmidt, le chef de la troupe de Wissmann, un marché s'organise au fort sous la surveillance des soldats allemands ; les deux races font bon ménage, et les chefs indigènes s'y rendent pour délibérer sur les affaires du pays.

Pour les caravanes il n'en est pas de même.
Celles des indigènes, qui apportent l'ivoire, le
tabac, le sorgho, etc., suivent la meilleure
route, celle de Mpuapua. Mais les caravanes
arabes, qui maintenant sont accompagnées pour
la plupart par des Wanyamuezis, afin d'en cacher l'origine, évitent Mpuapua, parce qu'elles
amènent le plus souvent des esclaves. Si les
choses se passent ainsi, ce poste manquera
bientôt son but. Mais nous espérons bien que
tout n'est pas fini. S'il existe un jour une série
de postes depuis les lacs jusqu'à la côte, et que
l'on confisque sur la côte les marchandises de
toutes les caravanes qui n'auront pas fait viser
leurs papiers à chaque poste, messieurs les
Arabes seront bien obligés d'envoyer, eux aussi,
leurs caravanes par la route prescrite et de ne
plus éviter les stations. Rester à Mpuapua ce
serait s'arrêter à motié chemin.

Au soir nous étions déjà au lit quand je
m'entendis appeler. — « Qui va là? » criai-je.
— Emin-Pacha. — Immédiatement je me lève
et j'ouvre la tente. Qu'y avait-il donc? Un jour
Emin étant souffrant, je lui avais donné une

bouteille de notre vin de messe ; il l'avait acceptée, mais me l'avait rendue pour la lui garder parce qu'il n'avait pas de place. Aujourd'hui il la réclame pour M. de Medem, le lieutenant malade. Suivant moi, ce trait donne bien l'idée de son caractère : patienter, souffrir pour soulager les autres. C'est là peut-être aussi le secret qui lui a permis de se maintenir si longtemps dans le Soudan ; ne demandant rien pour lui-même, il ne vivait que pour être utile aux autres.

VI

De Mpuapua à la côte.

13 novembre. — De Mpuapua à Tubugwé,
quatre heures et demie.

M. Schmidt, qui doit prendre la direction
de la caravane à travers le territoire allemand,
est déjà parti de grand matin. Nous le suivons
à six heures avec le gros du convoi, longeant
quelque temps la base de la chaîne de montagnes qui va du Nord-Ouest au Sud-Est et
où sont les ruines de l'ancienne mission anglaise détruite par Buschiri ; puis nous gravissons cette chaîne pour descendre vers le Nord-
Est, dans la vallée de Tubugwé. Au col nous
traversons une belle forêt de miumbos où se
trouvent aussi de nombreuses essences utilisables, telles que des miningas et des mikoras. Les
miumbos sont entièrement couverts d'un lichen
barbu (*Usnea barbata*, me dit Emin-Pacha).

Nous suivons la crête de la montagne environ deux heures, puis nous redescendons par un sentier très à pic, le même que j'avais gravi il y a plus d'un an. Pendant cette descente nous nous fâchons tout à fait contre un officier égyptien démesurément grand qui, à cet endroit où tous mettaient pied à terre afin de permettre aux ânes de marcher plus aisément, restait perché sur son immense selle et forçait la pauvre bête à le porter jusqu'en bas.

Arrivés dans la vallée, nous laissons sur la gauche la route de Momboya, que je connaissais, et tournons à droite, pour établir peu après notre camp au sud d'une petite colline, sous de grands acacias-parasols. L'année dernière nous avions campé au Nord. M. Schmidt avait eu l'amabilité de faire retenir un arbre pour nous, de sorte que nous pûmes dresser notre tente à l'ombre. Nous avions fait quatre heures et demie de chemin. Ayant remarqué l'an passé qu'un joli ruisseau jaillissait près de notre camp au nord de la petite montagne, je me rendis à cet endroit pendant l'après-midi et je découvris une chose que je

n'avais encore jamais vue en Afrique. Les indigènes ont endigué le ruisseau et créé ainsi
des champs irrigables où ils récoltent toute
l'année du maïs et des patates, sans parler des
belles plantations de bananes qui s'y trouvent
également. Par suite du manque d'eau pendant
les années précédentes, la récolte de sorgho avait
été mauvaise; aussi, la nécessité rendant ingé-
nieux, en Afrique tout comme en Europe, ils
avaient eu l'heureuse idée d'employer à des irrigations l'eau qui jusque-là s'était écoulée sans
profit pour eux. Le sol de la vallée est coupé
par de nombreuses rigoles qui amènent dans les
champs cette eau si précieuse ; aussi, actuellement, à la fin de la saison sèche, ont-ils du
maïs à tous les degrés de végétation, et de superbes patates. Ils n'ont donc plus à redouter
la famine.

La vallée de Tubugwé appartient géogra-
phiquement à l'Usagara, mais les Wagogos
immigrés ont presque entièrement refoulé l'ancienne population et forment la majorité. Un
peu au Nord, sur la route de Momboya et après
un jour de marche, on trouve déjà les Masaï

qui viennent jusque-là pendant la saison sèche avec leurs troupeaux, pour trouver dans la montagne de l'eau et des pâturages. Cette saison terminée ils se retirent encore plus au Nord, à la grande joie des caravanes, car ils ont la réputation de ne pas très bien distinguer le tien du mien.

14 novembre. — De Tubugwé à Dambi, trois heures et demie.

La vallée de Tubugwé, où nous marchons dans la direction du Sud-Est, donne l'impression d'un pays où l'agriculture est en progrès ; elle est cependant peu cultivée, la population ayant été chassée par les incursions des Wahéhés et des Masaï. Çà et là des plantations de bananiers révèlent dans la vallée le voisinage de l'homme, mais les villages sont cachés dans la broussaille. Avançant tantôt à travers une herbe aussi haute que nous, tantôt à travers des buissons élevés, nous atteignons au bout de deux heures un village situé sur une colline. Dans le voisinage nous franchissons un second ruisseau qui, tournant à droite, finit par tomber dans une vallée dirigée vers le Sud, et sert également à des irrigations. Un peu plus loin nous rencontrons le ruisseau Dambi, près d'une localité nommée Mlalé, et après une marche de trois heures et demie nous campons sous de beaux arbres, où nous trouvons encore les huttes que les soldats de Wissmann s'étaient construites. Le Dambi coule également au Sud et tombe dans le ruisseau de Tubugwé, qui va lui-même grossir le Mkondokwa. Les sommets des montagnes sont encore tout desséchés, mais dans la vallée plus humide les yeux sont déjà récréés par la fraîche verdure de l'herbe et des arbres. Le camp offre un aspect si gracieux que, sur le désir de M. Stanley, j'en prends une photographie; malheureusement elle ne réussit pas, les plaques étant trop vieilles et ayant souffert de l'humidité. L'eau attire ici beaucoup de gibier; partout on rencontre des traces de buffles et d'antilopes, mais aucun de ceux qui sont partis pour la chasse n'a été heureux, les guides indigènes commandés n'étant pas venus. Un nègre a vu un lion, mais s'est bien gardé de le tirer.

15 novembre. — De Dambi à la rivière Kidété, quatre heures et demie.

A l'heure ordinaire, un peu avant six heures, nous étions en marche à travers un pays montagneux et desséché, couvert d'une broussaille épaisse qui empêche la vue de s'étendre au loin. A droite vers le Sud se trouve la vallée.

Nous marchons pendant quatre heures et demie sur les contreforts de la haute chaîne de montagnes que traverse la route de Momboya (au Nord, par Tubugwó, Mlalé, Lubého, Momboya) ; puis, le pays se découvrant, nous apercevons des villages dispersés dans la vallée. Le ruisseau Kidété coule ici dans un lit encaissé, et va rejoindre au Sud le Mkondokwa. L'eau est belle et pure ; c'est le plus grand cours d'eau que nous ayons encore rencontré. L'ayant traversé, nous campons sur sa rive gauche. Le pays ne semble plus être habité.

Il y a peu de temps, les Wahéhés, qui demeurent plus au Sud, ont ravi les troupeaux et détruit les tembés ; les habitants se sont enfuis. Nos gens cherchent dans les ruines noircies par la fumée ainsi que dans les champs abandonnés, et découvrent encore d'assez grandes quantités de sorgho, de haricots et d'autres aliments. L'incursion des Wahéhés n'a donc eu lieu que cette année à l'époque de la moisson. Ce peuple est la terreur de l'Usagara. Comme les Masaï, ils ont de grands troupeaux et exécutent chaque année des razzias chez les tribus plus faibles qui les avoisinent. Ce sont ces incursions répétées qui empêchent l'Usagara de devenir ce qu'il pourrait être, c'est-à-dire un pays riche par ses troupeaux et ses récoltes. Craintifs, les rares habitants cachent leurs demeures dans l'épaisseur de la broussaille, et n'osent cultiver que de petites surfaces, afin de ne pas exciter la cupidité de leurs voisins. C'est pour cette raison que les Wasagaras (habitants de l'Usagara) n'ont presque pas de troupeaux, seulement quelques chèvres et pas de bœufs. Si l'influence allemande devient jamais assez puissante pour empêcher ou punir ces incursions, ce pays de montagnes se repeuplera et redeviendra riche. On raconte qu'autrefois il y avait là de nombreux villages;

leurs troupeaux étaient superbes, grâce à l'abondance de l'eau qui entretenait toute l'année des pâturages ; mais maintenant ils ont presque tous disparu. Le district de Momboya fait seul exception ; le sultan de Zanzibar y maintenait une petite garnison qui effrayait les bandes de pillards. Le malheur de ces tribus, c'est de vivre ainsi disséminées. Chaque village agit pour son propre compte, et comme il n'y a pas d'autorité qui réunisse contre les invasions toutes les forces éparses, ils succombent les uns après les autres.

16 novembre. — De Kidété à Kirasa, quatre heures.

M. Schmidt nous avait fait pressentir une mauvaise route, et il ne nous avait pas trompés. Quatre heures de suite nous avons escaladé et descendu les ramifications de la chaîne de montagnes située au Nord, traversant tantôt une épaisse broussaille, tantôt de belles forêts dont les arbres malheureusement n'avaient pas encore une feuille verte. Comme précédemment, les miumbos sont couverts de lichen barbu. A droite, nous avons à une certaine distance la vallée du Kidété et du Mkondokwa, dans laquelle nous descendons enfin, en franchissant un contrefort très escarpé. Depuis l'étape de Palapala au Mpozo sur le Congo, je n'ai pas rencontré de route aussi mauvaise. Ce n'est qu'à grand'peine que nous avons pu faire descendre nos ânes par de continuels zigzags, et le grand Égyptien lui-même trouva prudent de mettre pied à terre. Il était temps, car un instant après sa selle passait par-dessus la tête de sa bête. On pourrait cependant suivre une route très commode dans la vallée, sans même faire un détour, mais les nègres, pour leurs sentiers, se soucient en général fort peu des difficultés du terrain, et les caravanes sont obligées de suivre la route existante.

Dans la vallée nous trouvons des ruines noircies et des champs incultes, témoins du passage des Wahéhés. Le sol semble y être très fertile ; nous voyons ici pour la première fois les hautes buttnériacées au tronc blanc, et quelques palmiers en éventail. A travers la vallée se déroule le Mkondokwa, un fort ruisseau, dont les eaux cependant ne sont plus aussi fraîches que celles du Kidété; à en juger d'après le volume de l'eau, ce dernier est, sinon le cours supérieur du Mkondokwa, du moins une de ses sources. En Afrique les cours d'eau changent souvent de nom d'un lieu à l'autre. Nous campons dans un endroit appelé Kirasa, sur le bord du Mkondokwa, à l'ombre d'acacias-parasols et de buttnériacées.

Dans les environs du camp se trouvent de nombreuses fosses pour prendre le gibier; aussi faut-il marcher avec de grandes précautions. Ces fosses ont une ouverture longue de 2^m,50 et large de plus d'un mètre, mais elles vont en se rétrécissant pour offrir dans le fond une excavation de 3 à 4 mètres; le gibier qui y tombe ne peut donc pas en sortir d'un bond. La terre qui en est retirée est soigneusement égalisée et la fosse ainsi que ses alentours sónt recouverts de branches et de feuilles sèches. On établit de semblables fosses surtout dans les endroits où l'épaisseur du fourré empêche le passage des bêtes sauvages, et où il n'y a que des issues isolées, qui sont ainsi barrées

par ces trous. La lisière de la forêt est rendue
encore plus impraticable par des abatis d'arbres et de broussailles ; le gibier est donc
obligé de passer par les ouvertures ménagées,
quand il est effarouché par de nombreux rabat-
teurs, ou qu'il va boire tout tranquillement.
En outre, les nègres savent très bien établir
des barrières et des pièges pour s'emparer de
leur proie.

17 novembre. — De Kirasa à Munyé Usagara, deux heures et demie.

Depuis la descente d'hier le climat a changé
d'une façon très sensible ; la chaleur est bien
plus accablante et la nuit la température reste
lourde, ce que nous n'avions pas encore éprouvé.
De grand matin nous sommes déjà en marche
à travers la charmante vallée du Mkondokwa,
dont les pentes, un peu au-dessous de Kirasa,
sont couvertes d'une fraîche verdure au milieu
de laquelle ressortent les troncs blancs des
hautes buttnériacées. Le passage de l'aridité
à la verdure est surprenant : à Kirasa les arbres
sont encore dépouillés de leurs feuilles ; une

demi-lieue plus loin ils sont verts. Après une marche de deux heures dans une étroite vallée, nous atteignons un endroit où elle s'élargit, une autre vallée venant y aboutir; le Simba se jette ici dans le Mkondokwa. Une demi-heure après, nous établissons le campement dans le district assez peuplé de Munyé Usagara. Nous sommes maintenant chez les Wasagaras. Les villages n'ont plus la forme de tembés; ils consistent en un certain nombre de huttes rondes avec un toit conique, souvent sans la moindre enceinte et posées parfois très gracieusement sur les contreforts les moins élevés des montagnes. La vallée est d'une fertilité extraordinaire; toutefois le terrain susceptible de culture est assez restreint, car un peu plus bas les montagnes se rapprochent de nouveau. La population est affable et semble dévouée aux Allemands, dont elle espère une protection contre les bandes de brigands. Autrefois il y avait ici deux stations de la société allemande de l'Afrique orientale, Simathal et Kiora; mais elles ont été détruites. Les nombreuses ramifications de ces montagnes peu élevées permettraient d'établir ici des postes fortifiés dans d'excellentes situations, mais la douceur de caractère des gens du pays les rend inutiles.

Nous apprenons que Stanley veut s'arrêter un jour dans cet endroit, et qu'à seulement six heures d'ici se trouve une station des Pères du Saint-Esprit. Nous essayons de déterminer Emin-Pacha à profiter de ce jour de repos pour nous accompagner jusque-là, mais il ne veut pas se séparer de Stanley. M. Schmidt nous assure que nous pouvons sans crainte y aller seuls, bien que cet endroit soit le plus dangereux de toute la route de Mpuapua à la côte, à cause de la colonie arabe de Kondoa, qu'il faut traverser. J'erre un peu dans la vallée pour tirer des oiseaux, et je rencontre plusieurs petits villages, où je suis accueilli avec confiance et amitié. — Des bœufs pris par Stanley à Néra il ne reste plus qu'un seul, au grand dépit de nos gens qui, depuis Ikungu, en avaient reçu un chaque semaine, comme « kitowelo » (supplément) à la ration habituelle de sorgho que nous leur mesurions chaque jour. Dans l'Usukuma, M. Stanley avait eu de la peine à trouver des porteurs ; mais maintenant Limatendélé (Stanley) a une telle réputation que, s'il revenait, tous les Wasukumas l'accompagneraient pour avoir de la viande.

18 novembre. — De Munyé Usagara à la Mission de Longa, six heures.

Stanley accorde un jour de repos à sa caravane ; mais pour nous, le voisinage d'une mission catholique et de chers compagnons de travail dans la vigne du Seigneur a trop de charmes pour que nous puissions nous décider à passer le jour de repos à Munyé Usagara. Nos Bukumbis ne font pas de difficultés pour nous accompagner, et nous partons à cinq heures et demie, longeant la vallée du Mkondokwa qui continue à se diriger vers le Sud-Est. Au bout d'un quart d'heure nous apercevons à droite du chemin les ruines d'une station de la société allemande de l'Afrique orientale (la station de Simathal) que Buschiri a réduite en cendres. Puis, nous traversons la rivière grossie non loin delà par le ruisseau Sima, et nous continuons notre route sur sa rive gauche, tantôt marchant au milieu de la vallée couverte de roseaux magnifiques, tantôt escaladant les diverses ramifications de la chaîne de montagnes située au Nord. Le pays a un tout autre aspect; partout se montre une riche végétation. Dans la vallée, large en moyenne de 200 mètres, nous voyons des roseaux hauts de 3 à 4 mètres, de magnifiques plantations de bananiers coupées par des champs de sorgho dont les grosses tiges, longues de plus de 3 mètres, indiquent clairement la fertilité du sol. Çà et là se dressent des groupes de palmiers qui deviennent de plus en plus nombreux, et au milieu serpente le Kondokwa, large maintenant de 10 mètres et profond de 30 centimètres ; il augmente visiblement sans que nous lui découvrions d'affluents. Les pentes boisées de la montagne sont revêtues d'une fraîche verdure au milieu de laquelle ressortent les troncs blanc-jaunâtre des buttnériacées. Presque partout le sentier s'enfonce sous une ombre épaisse, et le chant joyeux de nombreux oiseaux, joint à la verdure qui m'entoure, fait que, par endroits, je crois me promener par une belle matinée d'été dans une des vallées latérales du Rhin. Mais les huttes rondes en forme de ruche, étagées sur la montagne, me rappellent bien vite à la réalité. Autrefois la population de cette charmante et fertile vallée était plus nombreuse, mais les incursions dévastatrices des Wahéhés ont détruit beaucoup de villages, comme le prouvent encore çà et là les ruines noircies par la fumée.

Après une marche de deux heures, nous voyons s'élargir la vallée; les montagnes se reculent et s'abaissent doucement vers la plaine de Kondoa, où nous entrons à neuf heures. Partout dans ce pays le terrain est d'une fertilité extraordinaire; les mauvaises herbes témoignent de l'humidité du sol par la splendeur qu'elles étalent sur les champs en friche. C'est l'endroit le plus propice pour les plantations que j'aie jamais vu. Le Kondokwa fournissant de l'eau pour les irrigations, toutes les conditions nécessaires à la fertilité d'un pays se trouvent réunies. Les nègres l'ont bien compris; du Nyanza jusqu'ici je n'ai pas encore vu de canton où la population soit si dense. Des milliers de huttes, réunies en petits villages de dix à trente feux, émergent partout de la verdure des arbres. Là se sont réfugiés tous les porteurs abandonnés par les caravanes ; toutes les tribus entre le Tanganika, le Nyanza et la côte y sont représentées ; aussi l'on croit se trouver sous le rapport du langage dans une véritable Babel africaine. Cependant le kiswahéli est la langue généralement admise et parlée pour les relations entre indigènes.

Nous suivons un sentier plus court situé au Nord. La grande route des caravanes traverse une colonie arabe, d'où partent trois ou quatre musulmans et environ trente Béloutchis pour aller faire le commerce dans le pays des Masaï et des Wahéhés, surtout avec Irangi. De plus, ils ont ouvert quelques boutiques pour le commerce de détail.

L'intervention des troupes allemandes sur la côte a produit ici de bons effets ; la population est très respectueuse pour les blancs ; quand nous rencontrons des gens armés, ils posent leur fusil à terre en signe de soumission et s'éloignent de quelques pas sur le côté du sentier. Nous hésitions tout d'abord quelque peu à traverser Kondoa, seuls avec notre caravane, mais M. Schmidt nous a affirmé que ces gens ont plus peur de nous que nous n'avons peur d'eux, et je trouvai son dire complètement justifié. Les Allemands sont incontestablement les maîtres de la situation. Si l'on traite raisonnablement les indigènes, l'influence arabe disparaîtra en très peu de temps, et d'après tout ce que nous entendons raconter, le commissaire impérial a pris la bonne voie : doux envers la population paisible, prévenant pour les caravanes qui se soumettent aux lois, il est d'une rigueur impitoyable à l'égard des instigateurs de complots.

A dix heures nous entrons de nouveau dans une forêt clairsemée qui pourrait être partout défrichée avec profit; elle forme la frontière entre Kondoa et le district du Longa, appelé Ferhani du nom de son chef, mort il y a un an. A onze heures nous apercevons les premières huttes, et — à peine en croyons-nous nos yeux — une grande croix. Nous demandons à quelques gens du village qui a dressé cette croix. « Nous-mêmes », répondent-ils. C'étaient des enfants de la mission de Bagamoyo, établis dans ce pays fertile. Des croix, des médailles, des chapelets, que nous vîmes portés par les habitants, nous confirmèrent dans notre première supposition : tout le village est chrétien. Deux jeunes gens nous précèdent, et au bout d'une bonne heure nous atteignons la mission des Pères du Saint-Esprit, située d... un endroit ravissant de la vallée du Long..., au nord du chemin des caravanes, sur une petite éminence en avant des montagnes. Avant Kondoa notre ignorance du chemin nous avait fait faire un détour inutile. Tournant à l'Est, nous nous étions écartés d'un kilomètre de la base de la montagne, et maintenant il nous faut revenir vers le Nord pour atteindre la mission.

Comme partout, nous trouvâmes chez les vénérables Pères l'accueil le plus aimable pour nous, pour nos enfants et nos porteurs ; ceux-ci ne pouvaient assez manifester leur étonnement de se voir reçus comme des gens de la maison dans cette Mission où ils étaient totalement inconnus. Aussi le soir nous entendîmes l'un d'entre eux chanter plus haut que d'habitude : waha wa kiyungu, waha wa nyambani (nous sommes les enfants des blancs, les enfants de leur maison). On ne saurait trop apprécier les douceurs d'une pareille halte, après un voyage de six semaines.

Nous faisons notre première visite au Dieu caché dans le tabernacle, bonheur dont nous, étions privés depuis bien longtemps ; puis l'on nous raconte des nouvelles d'Europe, on nous parle des combats sur la côte, où une petite troupe de soldats nègres, sous la conduite d'officiers allemands, a fait subir à Buschiri une sanglante défaite. De ses 6,000 hommes, 400 restèrent sur le lieu du combat, beaucoup en s'enfuyant se noyèrent dans le Kingani, et tout cela malgré les sortilèges qu'ils avaient employés pour se rendre invulnérables[1]. Le reste fut dispersé et massacré en partie par la

1. Ces nouvelles se rapportent au combat de Bagamoyo, le 19 octobre 1889, dans lequel le baron de Gravenreuth battit les Mafitis.

population Wasamoro, irritée par leurs brigandages. Buschiri, qui se tenait très prudemment en arrière, a pu s'échapper. Pendant les mois de juin et de juillet il était longtemps resté à Kondoa, y attendant l'occasion favorable pour surprendre Mpuapua, et il se montra si menaçant à l'égard des missionnaires que ceux-ci se retirèrent à Monda, dans l'Uguru. Ils n'en étaient revenus que depuis un mois, et avaient retrouvé leur maison. Quelques cabanes avaient bien été brûlées, mais le bâtiment principal était resté intact; seulement, des singes avaient ravagé le verger et le jardin.

19 novembre. — Nous passons notre jour de repos à Longa. A midi arrive M. Schmidt; notre remède, dont nous avions depuis longtemps éprouvé l'efficacité (injections intestinales à l'acide phénique, quinze gouttes pour un demi-litre d'eau), l'a complètement guéri de sa dysenterie. Nous nous rendons avec lui au camp pour saluer Stanley, Emin-Pacha et les autres officiers; tous sont ravis de la beauté

du pays; l'Usagara, en comparaison de l'Ugogo et de l'Unyamuézi, est un véritable paradis terrestre. Quelques-uns vont visiter la mission; je pense qu'ils n'auront pas eu à se plaindre et que peut-être quelques préjugés auront disparu chez eux. Kingu, le chef de Nirogoro, dont l'autorité a été reconnue également ici après la mort de Ferhani, envoie son frère, jeune homme vigoureux et à la physionomie ouverte (Kibwana, le petit maître, par opposition avec Bwana kubwa, le grand maître, le chef, prénom de l'aîné), saluer la caravane et faciliter sa marche. Kingu s'est toujours montré tout dévoué envers les missionnaires, et il a mérité par là que l'Allemagne augmente considérablement son influence en lui donnant des fusils, un petit canon, etc. Aussi est-il le seul chef important d'ici à la côte. D'après Kibwana, Buschiri se serait enfui chez Munyé Héri[1], à Saadani, où sept vaisseaux allemands se seraient immédiatement rendus. Suivant

---

1. Voici ce que Wissmann dit de Bwana Héri dans son rapport du 20 janvier 1890 : « Il y a huit ans, Bwana Héri avait battu les troupes du sultan Saïd Bargasch. Jamais il n'a été vaincu. Il reconnaît l'autorité du sultan de Zanzi-

d'autres nouvelles, Buschiri et son hôte auraient déjà été attaqués à Saadani, et, complètement battus, auraient pris la fuite[1]. A la fin de la journée le Dr Emin-Pacha vient aussi, accom-

---

bar, autant que cela lui convient, et en reçoit chaque année des présents. Il ne s'est jamais appelé Wali, mais toujours sultan de l'Useguha. »

1. Ces bruits étaient faux. Après le combat de Mafiti près de Bagamoyo, Buschiri s'était enfui vers l'intérieur afin de soulever les Wahéhés contre les Allemands. Bwana Héri, de Saadani, ayant prêté les mains à cette entreprise, Wissmann décida d'agir résolument à son égard, et l'attaqua le 5 novembre. L'expédition entraîna les combats de Saadani et de Pangani, la prise de Mkwadja, qui fut ensuite fortifié, et des négociations avec Simbodja, le plus grand chef sur la route de Pangani, qui voulait faire cause commune avec Bwana Héri. Bientôt après, le 8 décembre, Buschiri fut de nouveau battu par le lieutenant Schmitt ; il s'échappa, mais fut arrêté par les indigènes, livré aux Allemands et exécuté le 15 décembre. Bwana Héri devint alors le chef de la révolte. Il repoussa, le 25 décembre, une attaque des troupes de Wissmann, mais fut assiégé le 5 janvier par Wissmann lui-même dans son camp fortifié de Mlembule et battu après une lutte acharnée. Il prit alors la fuite vers l'intérieur. (Rapport de Wissmann du 20 janvier 1890.)

Le P. Schynze relate dans une lettre du 3 mars : « Dans le dernier combat, Abdallah, le principal instigateur, a été gravement blessé et il est mort de ses blessures. Le vieux Bwana Héri s'est construit un nouveau boma, très bien placé pour qu'on puisse le bombarder. C'est là que se rassemblent les restes des rebelles ; on dit qu'ils y sont au complet. Cette semaine, Wissmann marchera contre lui avec toutes ses forces afin de l'anéantir. Si l'expédition réussit, tout sera fini sur la côte, de Dar-es-Salam à Panyani. Les indigènes viennent par milliers faire leur soumission et apporter des cadeaux. »

pagné de M. Schmidt, et passe la soirée avec nous.

20 novembre. — De Longa à Udchwa (Kva Wasiri), deux heures trois quarts.

La marche d'aujourd'hui sera si courte que nous ne nous hâtons pas de partir. Nos porteurs sont prêts, il est vrai, de très grand matin, suivant l'ordre donné; à six heures nous voyons la grande caravane s'éloigner, mais nous ne pouvons nous séparer si vite de nos chers confrères. Du reste le pain n'était pas encore tiré du four, et nos aimables hôtes ne voulaient pas nous laisser partir sans nous en donner. La charité chrétienne est toujours généreuse, même chez les pauvres. Un peu après huit heures tout est en ordre, nous prenons congé des deux missionnaires qui restent, et pourvus de nouvelles provisions, nous descendons dans la vallée de Longa, en compagnie du père supérieur. Celui-ci nous conduit jusqu'au chemin des caravanes, nous lui disons « au revoir », et poursuivons notre route vers le Nord-Est.

A notre gauche nous avons les montagnes de l'Usagara, devant nous la grande plaine qui les sépare des montagnes Mrogoro et Nguru, visibles dans un lointain bleuâtre. Nous marchons deux heures dans cette plaine, très fertile, mais peu cultivée, avant d'atteindre Udehwa, district ainsi appelé d'après un ruisseau du même nom ; il est gouverné par Wasiri, un des subordonnés de Kingu de Mrogoro, et nommé généralement pour cette raison Wasiri.

Cette plaine, qui est une continuation de la plaine Kondokwa, est très bien arrosée par plusieurs ruisseaux toujours remplis d'eau, le Kondokwa, le Longa, le Sima, l'Udehwa, qui tous se réunissent dans le Wami et le Makata. Cependant comme la pente est très faible, et que les cours d'eau sont facilement obstrués par des roseaux et d'autres plantes, ils se changent en marais à la saison sèche, comme cela arrive pour le Longa ; à la saison des pluies le pays est inondé en grande partie, et par suite malsain. Une régularisation intelligente de ces petits ruisseaux, dont le lit change presque chaque année (le Kondokwa, par exemple, qui passait devant la colonie arabe de Kondoa en est maintenant fort éloigné), ferait de cette contrée un vrai jardin tropical, car l'eau si abondante malgré la saison sèche pourrait être employée en irrigations, tout au moins au débouché des ruisseaux dans la plaine. Le pori actuel (la broussaille) de cette plaine est formé en grande partie par des arbres élevés, des migongwas, des acacias-parasols, des buttnériacées, d'autres arbres ressemblant au platane et dont le tronc rougeâtre sent le vinaigre, des palmiers-éventails et autres espèces que je ne connais pas. Entre leurs troncs pousse par endroits la broussaille basse, mais le plus souvent le sol est couvert de grandes herbes qui maintenant sont toutes desséchées. La couche épaisse de jeune gazon qui commence à pousser sous les groupes d'arbres verts, produit l'effet d'un parc un peu négligé; mais il y manque les villas, à moins qu'on ne veuille donner ce nom aux huttes rondes des nègres, que l'on y voit de tous côtés. Nous ne pouvons rien remarquer relativement à la faune, car il est trop près de midi, mais le monde des oiseaux est bien représenté. Partout se montrent les premières fleurs, mais on ne peut les embrasser d'un coup d'œil, comme chez nous dans les prairies aux mois de mai et de juin; elles sont très dispersées, l'herbe étouffant presque tout.

Nous atteignons le camp vers onze heures, et nous y recevons bientôt la visite de Waziri, qui nous répète au sujet des rebelles (mrima) de la côte, ce que nous savons déjà. Le ciel est presque toute la journée couvert de nuages, la pluie menace de tomber, mais cependant à midi la température est accablante. Le climat a changé considérablement depuis les cinq derniers jours de marche; il fait humide et cela nous est très pénible, à nous autres qui venons de l'Unyamuézi et de l'Ugogo, pays brûlés par le soleil. Toute la journée nous sommes comme dans un bain de sueur, et les nuits étant devenues beaucoup moins fraîches, notre sommeil, jusque-là si bon, s'en ressent. Malgré tout, l'état sanitaire reste satisfaisant. — Au soir, un indigène nous raconte que pendant le combat de Saadani un fils et la femme favorite de Bwana Héri ont été faits prisonniers ; il ajoute que la maison du chef ayant été incendiée par imprudence avant qu'on en eût enlevé sa grande provision de poudre, beaucoup de gens avaient perdu la vie dans l'explosion.

21 novembre. — De Udehwa à Mkata, cinq heures trois quarts.

Aujourd'hui nous marchons pendant près de six heures vers l'Est-Nord-Est, à travers la plaine, qui offre tout d'abord le même caractère de fertilité et la même ressemblance avec un parc. De nombreux troupeaux de gazelles et d'antilopes l'habitent. Cependant au bout d'un certain temps l'aspect change, les arbres deviennent plus rares, et de légères dunes de sable couvertes de palmiers nous prouvent que nous sommes sur un terrain de submersion (sédimentaire), d'une constitution absolument analogue à celle de la plaine Mayonga. Puis émerge devant nous un épais rideau d'arbres verts, et à onze heures et demie nous atteignons le Makata ou Mkata, rivière importante qui est une des sources du Wami. Elle coule assez rapidement dans un lit profondément encaissé, et a pour le moment, à l'endroit où nous la traversons, environ 10 mètres de largeur et 1 mètre de profondeur. Nous la franchissons sans incident sur les épaules de nos gens. Autrefois il existait un pont de lianes; mais il a été négligé et se trouve maintenant en si mauvais état qu'il serait dangereux de s'en servir. Il serait peut-être bon d'établir un pont dans cet endroit, et d'obliger les villages voisins, qui tous obéissent à Kingu, à l'entretenir en bon état, moyennant un droit de péage. Quand la rivière a seulement 50 centimètres d'eau de plus qu'aujourd'hui, le passage offre de grandes difficultés.

Nous campons sur la rive orientale (à droite) dans un enfoncement qui est sans doute l'ancien lit. M. Schmidt, qui était parti de bonne heure, a pu s'approcher à portée de fusil des troupeaux de gazelles et a abattu cinq swalas par un véritable tir rapide; mais les gens n'ont voulu en porter que trois jusqu'au camp. — Dans la nuit arrive une petite caravane que

M. le capitaine Wissmann a envoyée au-devant de l'expédition Stanley ; les officiers fatigués auront donc quelques rafraîchissements, dont la générosité de M. Schmidt nous laisse aussi prendre notre part.

22 novembre. — De Mkata à Mianzi, trois heures trois quarts.

Nous marchons trois heures et demie vers l'Est à travers la plaine de Mkata. Le terrain sédimentaire cesse bientôt, mais la terre végétale qui reparaît est loin d'avoir l'aspect fertile du sol de Kondoa. Nous campons près d'un petit village appelé Mianzi, où l'eau est rare. Une forte averse, dont nous recueillons une partie sur notre tente, nous tire d'embarras. Les gens de Mianzi ont tous pris la fuite ; on dit qu'ils ont fait cause commune avec Buschiri et qu'ils craignent un châtiment. Ils ont eu tort de fuir, car plusieurs Wanyamuézis ont pris dans le village des poules, du sorgho, etc.

23 novembre. — De Mianzi à Mrogoro, quatre heures et quart.

Après une marche de quatre heures, pendant laquelle nous traversons dans la direction de l'Est les contreforts du Mrogoro, puis franchissons au Sud la plaine du Gérengéré, nous atteignons Mrogoro ; c'est la résidence de Kingu, le chef le plus puissant entre Mpuapua et la côte. En route, il nous avait fallu traverser le Gérengéré et le Mrogoro, deux ruisseaux qui tombent des monts Mrogoro, et se réunissent bientôt pour aller se jeter dans le Kingani. Nombre d'autres petits ruisseaux, formant des cascades étincelantes au soleil, tombent des flancs rocheux de la chaîne de montagnes, haute de 2,000 mètres, et permettent d'arroser la plaine. La verdure couvre jusqu'aux cimes les plus élevées.

Nous campons dans le voisinage de Mrogoro, ainsi appelé d'après le ruisseau du même nom, et nous rendons visite à Kingu. C'est un gros homme, encore jeune et intelligent; en ce moment il est malade. Son village est entouré d'un mur de pierres bien construit, percé de meurtrières ; à côté sont les ruines d'une maison également construite en pierre. L'habi-

tation de Kingu a un certain cachet européen, les missionnaires ayant mis à sa disposition quelques maçons et quelques charpentiers.

De là nous nous rendons à la Mission des
Pères du Saint-Esprit, située sur une éminence, et où nous sommes naturellement on
ne peut mieux accueillis. Cette Mission est
très bien située ; elle commande toute la plaine
jusqu'aux monts Nguru, à peine visibles au
loin dans la brume, et où se trouve la Mission
de Monda. Un petit torrent coule dans une
gorge voisine, d'où un système de canalisation
amène l'eau nécessaire aux besoins de la maison et du jardin. Dans le ravin, les Pères, toujours infatigables, ont planté des bananes et
du café ; sur le plateau des arbres fruitiers,
des cocotiers, des oranges, des goyaves, des
mangos, etc., aussi des parterres de fleurs.
Tout cela est entretenu et a poussé sans grands
efforts ; avec de l'eau on peut faire ici des mi-
racles. La chapelle est vaste, et son toit de
zinc permet de la tenir très propre. Emin-
Pacha et toutes les personnes qui l'ont accom-

pagné ne peuvent assez manifester leur étonnement.

24 novembre. — Nous passons ce jour de
repos à la Mission, afin de pouvoir tout exa-
miner à loisir. C'est un double bonheur pour
nous que ce soit aujourd'hui dimanche. Kingu
vient avec M. Schmidt, pour régler la question des esclaves. Les gens prétendent qu'ils
sont tous libres, maintenant qu'ils sont ses
égaux, et ne veulent plus travailler, même
à des constructions d'intérêt public; ils refusent le service militaire, etc. Toutefois, il
comprend bientôt que ce n'est pas dans ce sens
que la question de l'esclavage a été soulevée,
et s'en retourne satisfait. On aurait grand
tort de répandre des idées de liberté chez un
peuple qui n'est pas encore mûr pour cela; la
licence qui en résulterait aurait de fâcheuses
conséquences. Dans beaucoup de tribus, esclave
et sujet sont encore synonymes, et le chef n'a
pas partout de l'influence sur ses gens. Ceux
de Mrogoro ne semblent pas établir de différence entre les deux conditions. — Quelques

officiers de l'expédition viennent à la Mission et la quittent remplis d'étonnement.

25 novembre. — De la Mission à Simba-Muéné, une heure et quart.

La caravane part de bonne heure pour Simba-Muéné ; nous la suivons le soir. Le voyage n'exige qu'une bonne heure de marche, mais j'ai failli y perdre mon âne, qui est tombé dans un trou plein d'eau et n'a pu en être retiré qu'à moitié mort. Simba-Muéné (la Reine des lions) est la mère de Kingu ; c'est elle qui est de droit la maîtresse du pays, mais c'est Kingu qui possède le plus d'influence. C'est une vieille femme dont le mari, de son vivant un petit Napoléon, était redouté de tous côtés. Le village, comme celui de Mrogoro, est entouré d'un mur de pierre, un peu en ruines. A la mort de ce prince batailleur, l'influence de la reine tomba rapidement ; mais son fils Kingu la rétablit, et il jouit maintenant d'une grande renommée chez les Wasighuas. — Le pays d'Usighwa commence à Mtaka et s'étend jusque dans le voisinage de la côte.

26 novembre. — De Simba-Muéné à Mikésé, cinq heures.

Nous marchons cinq heures vers l'Est, traversant dans la broussaille verte un pays légèrement ondulé. Nulle part on ne voit de villages, et cependant la campagne est assez peuplée ; mais les huttes sont cachées au plus épais de la broussaille, à cause du peu de sécurité qui règne dans le pays. C'est ce manque de sécurité, plus encore que la mouche tsetsé, qui a causé la disparition des troupeaux. Le pays se prêtait fort bien à l'élevage, mais la richesse ayant attiré les voleurs, le Msigwa reste pauvre comme auparavant. Toutefois les vivres sont assez abondants, et je n'ai jamais vu dans l'Unyamuézi d'aussi beau sorgho que j'en trouve ici chaque jour depuis Munyé Usagara. Nous campons près du village Mikésé ; les habitants viennent au-devant de la caravane ; l'eau est rare et mauvaise (amère). Le chef demande justice à M. Schmidt ; on lui a volé un homme. On lui promet satisfaction.

27 novembre. — De Mikésé au Gérengéré, cinq heures et quart.

Nous marchons de nouveau plus de cinq heures dans la direction de l'Est, à travers un pays montagneux et incliné vers le Nord. Il est couvert de jeunes arbres ; çà et là le terrain est escarpé et pierreux. Les bas-fonds sont remplis par une forêt assez épaisse, et semblent fertiles. De nouveau nous ne voyons plus de villages. Depuis hier le tracé du sentier est fait avec plus d'intelligence que d'habitude en ce pays ; au lieu de continuer en droite ligne, il utilise les croupes des collines, les pentes douces, les jonctions étroites entre deux hauteurs, etc., de façon à éviter les montées inutiles. — A moitié chemin nous rencontrons quatre courriers venant de la côte pour M. Stanley. — La broussaille est plus haute que partout ailleurs et renferme beaucoup d'arbres utilisables. — Nous atteignons la rive droite de Gérengéré et campons sur sa rive gauche. Il a perdu beaucoup depuis Mrogoro (il contourne les collines que nous avons traversées) bien qu'il ait reçu de nombreux petits affluents ;

c'est le sort de beaucoup d'autres rivières africaines.

Nous installons notre tente dans un fourré de roseaux, sous des arbres élevés.

28 novembre. — Du Gérengéré à Kisémo, deux heures trois quarts ; de là à Msua, trois heures.

Notre grande caravane est de nouveau en marche de très bonne heure, mais le bon ordre qui a été sévèrement maintenu jusqu'ici a disparu. Ce qui était autrefois l'arrière-garde marche maintenant en tête depuis Mkata ; nous autres nous suivons cette partie de la caravane et la rattrapons le plus souvent. Une attaque subite serait certainement fatale pour cette foule désarmée de femmes nubiennes et d'enfants. Stanley vient après, avec les blancs et les Wangwanas en colonne serrée. Nous marchons plus de cinq heures et demie à travers un pays onduleux, couvert tantôt de hautes futaies qui le font ressembler à un parc, tantôt d'une broussaille basse, occupant la place des anciennes cultures, et qui est moins verte que celle que nous voyions dernièrement. Les pluies ont été encore peu abondantes : quelques gouttes sont bien tombées pendant la marche, mais la vraie pluie ne s'est pas décidée à venir.

A neuf heures, nous traversions Kisemo, où un drapeau allemand tout neuf était planté sur un arbre. La région est populeuse, mais les villages sont presque invisibles ; seuls de nombreux sentiers, conduisant dans les forêts sur les hauteurs, trahissent leur existence ; placés sur de petites collines, ils sont tous cachés au milieu de la broussaille, et le sentier qui traverse celle-ci est en outre palissadé.

Nous atteignons Msua vers onze heures et demie, et campons dans le voisinage d'un étang maintenant à sec. Le village est lui aussi dissimulé dans la broussaille et les habitants ont planté un drapeau allemand comme indice de leurs bonnes dispositions. Lorsque Wissmann y passa, ils s'étaient mis sur le pied de guerre, mais de suite ils avaient changé de sentiments et s'étaient comportés très amicalement. Au grand dépit de Stanley, une caravane qu'il attendait ici a fait défaut, comme c'est la règle quand on se contente simplement de charger un Indien de la faire parvenir à destination ; il vaudrait mieux convenir de dommages-intérêts par jour de retard et par charge, ces gens stimuleraient alors davantage les guides de leurs caravanes.

Le climat a changé sensiblement ; la chaleur est énervante. Dans la population l'on remarque l'influence du voisinage de la côte ; beaucoup de gens sont habillés de kanzou et ils ont du Wangwana dans leur allure. Ils montrent peu qu'ils sont mahométans, et c'est aussi le cas chez les Wangwanas ; jamais ils ne prient, ils boivent du pombé, etc.; mais ils sont encore plus pervers et plus cruels que les vrais Arabes. Sous la conduite de Bwana Héri, ils ont coupé tout vivant, en morceaux, le missionnaire anglais Brooks[1].

Les 29 et 30 novembre nous restons à Msua.

Au matin, un messager annonce l'arrivée imminente de M. de Gravenreuth, le vain-

---

[1] Brooks fut assassiné, le 21 janvier 1839, près de Saadani, avec quinze personnes de sa suite.

queur des Mafitis. Le baron accompagne jusqu'à Mrogoro la caravane du marchand Mtérékésa, puis il doit poursuivre les restes des rebelles, et, s'il le faut, brûler leurs villages. Avec la caravane Mtérékésa arrive aussi le convoi d'approvisionnements envoyé au-devant de M. Stanley et si impatiemment attendu.

M. de Gravenreuth suit de près le messager, et dans l'après-midi nous entendons tout à coup des commandements allemands et le cliquetis des armes. C'est une compagnie de Soudanais qui arrive sous les ordres du lieutenant Langheld, avec plusieurs blancs, des sous-officiers, des infirmiers, des correspondants de journaux, des peintres de batailles, tout un état-major. Deux reporters américains, dont l'un est sur la côte depuis des mois, pour rencontrer M. Stanley, se disputent une prime de 2,000 livres sterling (50,000 fr.) promise à celui qui donnerait de l'explorateur la première nouvelle. Ces messieurs viennent nous faire visite, et nous avons par eux des renseignements authentiques sur les événements de la côte, principalement sur la bataille liv.ée

aux Mafitis, qui a valu à M. de Gravenreuth
le nom de « Simba y a Mrima » (lion de la
côte). Parti de Dar-es-Salam avec cent dix soldats nègres [1], il tourna en deux jours de marche forcée les Mafitis commandés par Buschiri,
et, n'ayant aucune idée de l'énormité de leur
nombre, il assaillit inopinément un de leurs
camps, défendu par environ 300 hommes.
D'après les dispositions prises, les garnisons de
Bagamoyo et de Tanga devaient attaquer l'ennemi en même temps [2]. Mais les messagers
envoyés pour les prévenir ne s'étaient pas fait
reconnaître aux avant-postes et avaient pris
la fuite quand on avait tiré sur eux. Ces
troupes restèrent donc inactives, et M. de Gravenreuth ayant détruit en peu de temps le
premier camp mafiti, se trouva en face de deux

---

1. Cette troupe se composait de 75 Soudanais, 20 Zoulous
et 15 Askaris Sahéliens, qui étaient stationnés à Tanga,
Pangani et Dar-es-Salam.

2. Les troupes stationnées à Bagamoyo occupaient les
passages du Kingani, près de Mtong et Dunda; un deuxième
détachement de 40 hommes s'avança de Mbuéni pendant
que Gravenreuth lui-même, avec le corps principal fort de
110 hommes, atteignait le camp des Mafitis en partant de
Madimola. Le nombre des Mafitis est certainement exagéré.

bandes compactes, fortes ensemble d'environ
six mille hommes, et campées un peu plus loin.
Il partagea sa troupe en deux détachements,
dont l'un tourna la gauche de l'ennemi, refou-
lant la bande la plus faible sur la plus forte,
et faisant ainsi disparaître le danger d'être
cerné. Plaçant ensuite ses hommes sur deux
rangs, M. de Gravenreuth exécuta sans interruption des feux de salves sur les Mafitis qui
accouraient en masse serrée pour écraser le
petit détachement. Constamment repoussés,
les rebelles dont quelques-uns étaient parvenus
isolément jusqu'à la colonne, ne se tinrent
pour battus que quand des centaines des leurs
furent tombés, fauchés par cette pluie de balles.
Ils cherchèrent leur salut dans la fuite, mais
un grand nombre tomba entre les mains des
deux autres détachements allemands qui arrivèrent attirés de loin par la fusillade. D'autres
allèrent jusqu'au Kingani, mais surpris au
moment où ils le passaient à gué, ils furent
tués ou se noyèrent. Beaucoup d'autres enfin
furent massacrés par les Wasamoros, irrités de
leurs déprédations et de leurs crimes. C'est ainsi

que cette journée, qui aurait pu finir par une catastrophe, se termina par une brillante victoire des armes allemandes, grâce à la prudence et à l'énergie du chef et à la solidité des troupes nègres. La nouvelle s'en répandra bientôt dans toute l'Afrique orientale, où elle augmentera considérablement le prestige de l'Allemagne.

Mais pour la colonne de M. de Gravenreuth, il était grand temps que l'ennemi prît la fuite. Au commencement du combat chaque soldat avait 180 cartouches; au soir il ne lui en restait plus que vingt, et une seconde attaque aurait été funeste à la petite troupe. Aussi M. de Gravenreuth ne pouvait-il songer à poursuivre immédiatement les fuyards. Il se retrancha dans un des camps Mafitis et veilla toute la nuit. Le lendemain, le convoi de munitions arriva, mais dans l'intervalle l'ennemi avait pris le large. Buschiri, qui s'était prudemment tenu en arrière de la lutte, put s'échapper. Il avait fait croire à ses soldats qu'aucune balle ne pourrait percer leurs boucliers, et c'est cette conviction qui avait soutenu l'ardeur des Mafitis dans leurs attaques désespérées.

Les Mafitis sont une tribu cafre (Zoulou). Vers 1860, ils émigrèrent dans la direction du Nord à la suite de Livingstone, et arrivèrent entre le Nyassa et le Tanganika, ravageant tout sur leur passage. Au sud de l'Unyanyembé ils se partagèrent en deux bandes ; les uns, les Wangonis ou Watutas, marchèrent vers l'Unyamuézi, attirés par les riches troupeaux de ce pays ; les autres s'établirent au sud de l'Usagara. Leur sort fut le même ; toujours en guerre, ils ont tout le monde contre eux. Mirambo a presque anéanti les Wangonis, et ces pillards ne continuent à subsister qu'en volant des enfants auxquels ils apprennent leur manière de combattre ; bientôt ils auront complètement disparu. D'autre part, les Mafitis offrent un refuge à tous les criminels de la côte ; toujours occupée de guerre ou de pillage, la race originaire n'existe pour ainsi dire plus. Cependant les deux tribus, Wangonis et Mafitis, sont restées fidèles à la manière de combattre des Zoulous. Cette tactique consiste à surprendre dans la broussaille les voyageurs ou les petits détachements isolés ; en rase campagne ils se forment pour l'attaque en masse compacte de huit à dix rangs de profondeur, cernant et écrasant ainsi leur adversaire plus faible ; c'est la manière de combattre qui leur a réussi dans le Zououland contre les colonnes anglaises et qu'ils ont essayée contre Gravenreuth. Les Wangonis sont trop faibles maintenant pour combattre de cette façon ; ils se contentent de pratiquer le brigandage sur les routes ou se mettent à la solde des Wanyamuézis quand ceux-ci veulent faire la guerre. L'armement des deux tribus est le même : un grand bouclier ovale en peau de bœuf, une massue, leur arme favorite dans les combats corps à corps, et quelques petits javelots, qu'ils savent lancer très adroitement jusqu'à 50 et 60 mètres. C'est à ces javelots qu'il faut attribuer les pertes, du reste peu importantes, de Gravenreuth.

La vie des officiers allemands sur la côte est excessivement fatigante, car ils doivent suppléer par leur activité à leur faiblesse numérique. Le soir, M. de Gravenreuth invita tous les blancs à dîner et nous servit un vrai repas de Lucullus « avec des pommes de terre ! » M. Stanley fera aussi séjour le 30, nous donnant ainsi l'occasion de jouir de l'agréable société des Européens.

A Msua j'ai vu un singulier nid de termites. Cette construction consiste en un cône semblable à une cheminée, haut de deux à trois mètres ; la base n'a pas plus d'un mètre de diamètre. Je renversai quelques-uns de ces nids et je les trouvai remplis de termites (fourmis blanches). Ordinairement ils sont plus larges que hauts et pourvus d'une quantité de petites cheminées. Je suppose qu'ici leurs châteaux avaient été détruits par quelque cultivateur et qu'elles n'avaient pas encore eu le temps de les rebâtir. S'il en était ainsi, il faudrait s'expliquer leur manière de travailler de la façon suivante : elles commenceraient par élever une de ces tours en forme de cheminée, puis construiraient en cercles d'autres tours semblables, mais plus petites, et ainsi de suite jusqu'à ce que tout l'édifice d'argile soit terminé. — La journée a passé très vite pour nous ; quand on a été longtemps isolé de l'Europe, on a une telle quantité de questions à faire, que l'on peut à peine en trouver le temps.

1ᵉʳ décembre. — De Msua à Mbiki, cinq heures trois quarts.

M. de Gravenreuth fait partir ses porteurs de grand matin ; lui-même avec ses soldats attend que nous nous soyons mis en marche. Nous prenons congé de lui, en lui souhaitant bonne chance. Quant à la direction militaire de l'expédition, elle ne pouvait tomber en meilleures mains ; toujours en tête, il partage avec ses hommes les fatigues et les privations, et entretient sans cesse leur ardeur. Mais la direction des porteurs laisse au contraire à désirer ; ce sont des Wanyamuézis, et dans le commencement ils ont de la peine à supporter la discipline militaire. Aussi un certain nombre avait pris la fuite, et beaucoup de charges avaient été abandonnées. Il faudrait que le chef du convoi des bagages connût parfaitement leur langue et sût allier l'indulgence à la fermeté. Les Wanyamuézis sont joyeux de caractère, aussi l'on obtient souvent d'eux par une grosse plaisanterie ce que l'on essaie en vain d'en tirer par la sévérité. Les châtiments corporels ne doivent être employés que dans les cas les plus rares ; les accès de colère n'arrachent à ces braves gens qu'un sourire de pitié. La seule chose à laquelle on arrive par la rigueur, c'est que la caravane marche mal, chacun cherchant à rester en arrière, soit par mauvaise volonté, pour vexer l'Européen, soit pour pouvoir s'esquiver, et en fin de compte, un beau matin, la plus grande partie des porteurs a disparu. Ce danger augmente en raison du voisinage de la côte ou du village natal. Le Wanyamuézi ne sait pas compter ; s'il se sent insulté, il part, abandonnant parfois des mois entiers de son salaire. Aussi les chefs de caravane expérimentés laissent-ils assez de liberté à leurs porteurs pendant les premières semaines ; ils regagnent ensuite par des marches plus fortes le temps perdu dans le commencement.

Je crois qu'il serait avantageux pour l'expédition allemande d'organiser à côté des soldats un corps de porteurs, que l'on utiliserait dans l'intervalle à des travaux dans les stations. Dans l'Unyamuézi on pourrait facilement enrôler le nombre d'hommes nécessaires. En leur donnant une certaine instruction militaire, on pourrait aussi les employer à d'autres services. Cela deviendra une nécessité, si l'on établit à l'intérieur plusieurs postes qui auront besoin d'être approvisionnés. Jusqu'à présent, en effet, chaque entreprise dépend du bon vouloir de l'Hindi (Indien) qui doit fournir les porteurs et fait payer très cher ses services.

Ce serait un mauvais système, du moins dans les premières années, et en tout cas un système d'une moralité douteuse, que de vouloir réquisitionner des porteurs ; on s'aliénerait ainsi les villages qui sont actuellement favorables aux Allemands, les habitants iraient s'établir loin de la route des caravanes, et celle-ci deviendrait impraticable. Dans ce pays il est très facile d'amener les caravanes à s'écarter de la route habituelle ; aujourd'hui, par exemple, les convois arabes évitent

Mpuapua et préfèrent errer pendant deux jours à travers un pays montagneux et privé d'eau plutôt que de suivre l'ancienne route plus courte et plus commode. Étant données les bonnes dispositions que nous avons remarquées chez les Warambos et les Wayuyis à l'égard des Allemands, il serait facile d'enrôler pour un an ou deux des Wanyamuézis qui formeraient alors le convoi d'approvisionnement de l'expédition, et qui, suffisamment armés, permettraient de diminuer le nombre de soldats nécessaires pour une colonne de ce genre. Ce n'est pas que les Wanyamuézis soient précisément braves ; mais ils ne se comporteraient pas mal, soutenus par un cadre de Soudanais ou de Zoulous, surtout quand ils auraient une fois reconnu leur supériorité ; or, celle-ci leur serait assurée, par leur armement, sur la plupart des tribus africaines.

De la route j'ai peu de chose à dire. Nous avons marché cinq heures cinquante minutes, dans la direction de l'Est-Nord-Est vers Mbiki, petit village caché dans la broussaille, traversant une contrée semblable à un parc, savane

verdoyante et, à part quelques petits îlots
d'arbres, presque entièrement découverte. Par
endroits le sentier passe entre deux remparts
d'un épais fourré, bordant à droite et à gauche
des champs de sorgho. Les indigènes ont laissé
subsister la broussaille des deux côtés du sentier, afin de protéger leurs champs, par une
haie naturelle, contre les Wanyamuézis, qui
dans le voisinage de la côte ne distinguent pas
très bien le tien du mien. Pour les caravanes,
ce système est désagréable; la marche est continuellement gênée par les épines, et l'on croit
être en pleine broussaille, tandis qu'en y regar-
dant bien on découvre la rase campagne à
quelques pas du sentier.

Nous campons dans un îlot d'arbres au milieu d'une belle prairie; nos tentes, établies
tout près de la lisière du petit bois, se trouvent
à l'ombre à partir de deux heures, et nos gens
se glissent dans la broussaille pour échapper
à l'ardeur brûlante du soleil. Le drapeau allemand seul flotte encore dans le camp, devant
la tente de M. Schmidt; les drapeaux égyptiens
ont tous disparu, sur l'ordre de M. Wissmann,

ce qui semble déplaire à M. Stanley. Cependant comme le pays est allemand et que les indigènes distinguent difficilement l'étendard égyptien de celui du sultan de Zanzibar, cette prescription a sa raison d'être ; il faut montrer à ces gens à qui ils doivent l'obéissance. Du reste nous avions dès l'abord trouvé étrange que des Européens marchassent sous la bannière du croissant.

Dans l'après-midi un messager nous apporte une lettre en arabe du chef du convoi d'approvisionnements envoyé au-devant de Stanley. Nous l'adressons au destinataire. Cette caravane, longtemps attendue, avait suivi un autre sentier, était arrivée à Msua peu après notre départ, et maintenant courait après nous. Déjà le matin nous avions rencontré un Allemand, dans une caravane destinée à la station allemande de Mpuapua. Ces gens marchaient bien mal. Un peu plus tard nous vîmes une soutane à travers le feuillage, et nous trouvâmes devant nous le supérieur de Mrogoro, qui était venu à la côte pour raison de santé, et qui s'en retournait à Mrogoro avec toute une fils de jeunes mariés. Les Pères du Saint-Esprit ont le grand avantage d'habiter près de la côte; là ils peuvent apprendre tous les métiers aux enfants de la Mission et les établir ensuite dans le fertile Usagara, si bien arrosé. Ces ouvriers leur sont d'une grande utilité, leurs maisons le montrent clairement; d'un autre côté il faut réfléchir que la fréquentation des Wangwanas est très pernicieuse pour quelques-uns de leurs enfants; une rupture complète de toute relation est cependant impossible, comme nous l'avons bien vu même à Kipalapala. Enfin le voisinage de la côte permet aussi aux Pères de faire venir nombre d'objets qui, bien que très utiles, nous reviendraient trop cher.

Quelques Nubiens ayant sali par leurs ablutions le peu d'eau pure qu'il y avait dans l'endroit, il faut la faire garder par un poste. Quant à nous, une source plus éloignée nous fournit une eau assez claire, mais d'un goût désagréable. Les Wanyamuézis ne reculent pas devant une marche d'une heure pour s'en procurer de meilleure.

2 décembre. — De Mbiki à Buyuni, deux heures.

Partis de très grand matin, nous atteignons au bout de deux heures un petit village Wadoé, Buyuni, bâti dans la broussaille. Nous sommes sur une petite éminence ; les huttes rondes sont bâties sur les saillies du terrain, profondément découpé par l'eau des pluies. A Buyuni de même qu'à Mbiki nous trouvons peu d'eau ; il n'est pas encore tombé beaucoup de pluie, et elle a été absorbée par le sol desséché sans pouvoir alimenter les fontaines. Nous établissons notre camp et attendons Stanley, qui ne vient pas. Dans l'intervalle passe une petite caravane venant de la côte, avec quelques provisions pour Emin-Pacha ; le gros de ce convoi, sous la conduite de Mtérékóza, a pris un autre sentier plus au nord. Mtérékóza est le surnom d'un marchand musulman qui conduit à la côte et en ramène les caravanes des chefs Unyamuézis, entre autres celles d'Urima, Saraui et Nindo, habitués à nous piller. Pour cette fois ils passent sans être inquiétés, mais M. de Gravenreuth a promis de bien leur expliquer la chose. Comme ces Wanyamuézis ont combattu aux côtés des Allemands contre les Arabes, un simple avertissement suffira pour l'instant.

Mtérékéza tire son nom de sa manière de marcher. Kutéróka signifie « apprêter sa nourriture »; Kutérékéza « la faire apprêter » et Mtérékéza « celui qui la fait apprêter ». Ce mot de Kutérékéza, usité surtout dans les caravanes, signifie « faire cuire les aliments et marcher dans l'après-midi »; les porteurs préfèrent cela plutôt que de faire toute l'étape en une fois. On emploie habituellement ce procédé quand on doit traverser des contrées privées d'eau. Les porteurs apprêtent leur nourriture, emportent de l'eau et marchent jusqu'au soir. Dans le « pori » on dort, afin de partir de bonne heure et d'atteindre l'eau dans la matinée. Cela est moins fatigant que de marcher sans eau pendant huit à douze heures; Mtérékéza et beaucoup d'autres Arabes emploient ce procédé, même pour de plus petites distances. M. Stanley n'en veut pas entendre parler; il part le matin et marche jusque dans l'après-midi, ce qui est bien plus com- mode pour nous autres Européens ; nous trou- vons ainsi de l'eau de très bonne heure, si nous n'en avons pas eu à l'étape. Avec toute la foule de femmes et d'enfants qui accompagne la ca- ravane de Stanley beaucoup n'arriveraient que dans la nuit ou même n'arriveraient pas du tout, si l'on faisait une térókéza.

Les gens de Buyuni viennent saluer M. Schmidt ; ce sont des cannibales, de même que ceux de Mbiki, et ils appartiennent à la tribu de Wadoé. Au commencement des hos- tilités, trois matelots allemands qui s'étaient imprudemment aventurés dans l'intérieur des terres, furent tués et jetés dans le Kingani ; mais quelques Wadoés retirèrent un des ca- davres de la rivière et le mangèrent. Le can- nibalisme existe donc tout près de la côte.

Nous apprenons que M. Stahley a pris un autre sentier, et nous voulons le suivre. Déjà nos tentes étaient abattues, quand à dix heures il apparaît. La caravane de Mtórókéza ayant enlevé les branchages destinés à masquer la fausse route, M. Stanley, qui ne se doutait de rien, avait suivi le chemin battu ; mais, frappé de la longueur de la marche, il prit des renseignements et donna l'ordre de retourner. Peu de temps après lui, est arrivée la caravane d'approvisionnements devenue presque légendaire, et maintenant l'abondance règne dans le camp. Dieu veuille que cette richesse soudaine n'ait point de suites nuisibles pour la santé, comme je l'ai si souvent remarqué au Congo ! — M. Stanley a pensé à nous, mais nous ne savons pas encore ce que nous ferons de tout ce qu'il nous a donné.

Ayant entendu dire qu'une caravane à destination de notre mission du Nyanza est en marche, nous préparons deux caisses afin de les envoyer à nos chers confrères. Depuis que des missionnaires catholiques parcourent l'Afrique, aucun n'a sans doute jamais nagé dans une abondance comparable à celle où nous nous trouvons depuis Mkata. D'abord ce fut M. Schmidt qui nous fit de riches présents ; puis nous avons dû prendre notre part des trésors d'Emin-Pacha, et pour finir, M. Stanley nous comble. Notre voyage, commencé dans des conditions assez précaires, a suivi son cours sans incident désagréable et se terminera par des fêtes. Dieu n'oublie pas ses missionnaires. Nos porteurs ont aussi reçu plus de riz qu'ils n'en peuvent manger ; et ils parleront encore longtemps de ce voyage.

3 décembre. — De Buyani à Bikiro, quatre heures et demie.

Après avoir marché quelque temps à la tête de la caravane, nous apercevons une forme humaine étendue sous un drap à l'ombre d'un arbre. Le P. Girault s'approche et trouve un homme réduit véritablement à l'état de squelette par la dysenterie ; cependant il respirait encore. Tombé sans doute malade sur la côte, ce pauvre vieux porteur s'était traîné jusque-là avec la caravane de Mtérékéza afin de revoir son pays natal, mais ses forces l'avaient abandonné, et il était resté sans secours sur le bord du chemin. Ses compatriotes l'avaient laissé là sans se préoccuper de son sort. Le vieillard avait encore toute sa connaissance ; il nous dit qu'il n'avait rien mangé depuis trois jours et but avidement l'eau que nous lui offrîmes. Le P. Girault, le seul Européen sans doute qui sache le Kisukuma, lui parla de Dieu et d'une seconde vie, ce qui sembla consoler le malheureux, puis il le baptisa pour lui ouvrir les portes d'un monde meilleur. Cependant nos gens s'étaient approchés, mais il nous fut impossible de trouver des porteurs qui voulussent se charger de lui ; il était dans un tel état qu'il ne pouvait non plus se tenir sur un âne. Nous lui promîmes de l'envoyer chercher dès que nous serions arrivés au camp, et nous continuâmes notre route.

A l'écart se trouvaient quelques Wangwanas qui nous montrèrent des lettres. C'étaient des passeports pour la caravane destinée au Nyanza. Ils nous dirent que nous la rencontrerions bientôt, ce qui arriva en effet. Mais comme elle n'avait pas de porteurs en trop nous ne pûmes la charger de nos deux caisses.

Nous traversons la plaine, où nous voyons pour la première fois un grand nombre de palmiers à double tronc ; mais tout à coup nous butons contre un cadavre couché en travers du chemin. C'est également un porteur abandonné, qui ne doit être mort que dans la matinée, car autrement les hyènes auraient entraîné le corps. La pitié, le soin des malades sont ici des choses inconnues; celui qui est épuisé reste à l'endroit où il tombe. Quel vaste champ pour la charité chrétienne ! Le malheureux semblait être mort dans un doux rêve ; puisse Dieu avoir envoyé dans son cœur, au dernier moment, un rayon de sa grâce ! Des crânes semés le long de la route montrent que ces cas ne sont pas rares ; or, si une caravane indigène éprouve de pareilles pertes, qu'est-ce que cela doit être dans les convois d'esclaves !

Nous poursuivons notre route en silence, jusqu'à notre arrivée à Bikiro, après une marche de trois heures et demie ; la caravane d'un Arabe de Tabora y établit précisément son camp. Stanley arrive peu après nous, au moment où nous voulons envoyer des gens pour ramener le malade. Il nous annonce que le malheureux était déjà mort quand il l'avait rencontré, — du reste il avait vu trois cadavres et non pas deux comme nous, — autrement il l'aurait ramené lui-même, comme il l'a déjà fait d'autres fois. Le Dr Emin Pacha reçoit deux caisses, présents d'un riche Indien de Bagamoyo, qui sans doute spécule sur le fameux ivoire, mais l'Indien s'est trompé! Chose étrange, partout le bruit a couru qu'Emin revenait avec des masses d'ivoire, mais cette matière précieuse est restée à Wadelaï, et aussi en partie dans le Nil, qui recèle maintenant ce moderne trésor des Niebelungen.

4 décembre. — De Bikiro à Kingani, deux heures et demie. De Kingani à Bagamoyo, deux heures et demie.

C'est enfin la dernière étape, aussi nos gens sont-ils beaucoup plus gais et plus alertes que d'habitude ; aujourd'hui enfin ils verront cette côte si longtemps désirée. En deux heures de marche nous traversons la plaine jusqu'au Kingani ; elle montre encore des traces manifestes d'inondation. Sur la rive opposée du fleuve le drapeau allemand flotte au-dessus d'un poste fortifié d'une construction encore un peu primitive : les murs sont formés de deux parois en tôle, entre lesquelles se trouvent de la terre battue et des sacs de sable ; devant la maison on a répandu des casseaux de verre, le tout est entouré d'une haie de fil de fer armé de pointes. Le passage de la rivière s'effectue maintenant sur un bateau en fer, au lieu des anciennes embarcations creusées dans un arbre. Le bac se meut dans les deux sens le long d'un câble. Nous traversons immédiatement la rivière, large d'environ vingt-cinq mètres, et nous sommes accueillis sur la rive droite par le commandant de la station allemande.

Peu de temps après, M. Wissmann arrive de Bagamoyo, et nous annonce lui-même son avancement au grade de major. Il amène toute une troupe d'ânes et de chevaux pour les Européens, et se souvient encore de m'avoir rencontré au Congo, où je fis sa connaissance[1]. C'est toujours le même caractère ouvert et sans prétentions.

Nous prenons quelques rafraîchissements, après quoi la caravane se met en mouvement.

_____

1. P. Schynse, *Deux Ans au Congo*, p. 11.

M. Wissmann, Emin Pacha et Stanley marchent
en tête, à cheval ; puis viennent quelques ânes ;
pour moi je préfère aller à pied. Nous traversons les campagnes de quelques Arabes, des
plantations de cocotiers et de mangos ; la terre
n'a pas été cultivée cette année. Çà et là nous
avons à franchir des passages marécageux et
difficiles, comme nous n'en avons pas encore
rencontré.

A onze heures et demie nous entrons à Bagamoyo, après une marche totale de deux
heures et demie. La ville est en partie rebâtie,
beaucoup d'Indiens sont revenus, et le commerce prend un nouvel essor. En signe de ré-
jouissance, les rues sont décorées de branches
de palmiers. Quand nous approchons du fort,
le tonnerre des canons nous salue, et dans les
salons du Cercle des officiers un déjeuner splen-
dide attend les membres de l'expédition. Nous
saluons MM. les officiers et nous nous rendons à la Mission, où nous trouvons les Pères
Achte et Luillermain, arrivés à l'instant de
Zanzibar pour nous recevoir.

Notre voyage est fini. Dieu nous a gardés et

bénis. Pas la moindre indisposition, pas le
moindre malheur ne nous a atteints, nous arrivons à la côte en meilleure santé qu'à notre
départ du Nyanza. A Dieu seul l'honneur; et
merci également à ces messieurs, qui nous ont
si gracieusement accueillis dans leur société.

TABLE DES MATIÈRES

Introduction v
De Marseille à Kipalapala, près Tabora. . . . 1
A Kipalapala 12
Fuite de Kipalapala au Victoria-Nyanza 26
I. Sur le Victoria-Nyanza. 57
II. Du Victoria-Nyanza à Usongo. 79
III. D'Usongo à Ikungu. Stanley et Emin-Pacha. 118
IV. L'expédition de Stanley. A travers le Mganda
    mkali (la Forêt terrible). 141
V. A Mpuapua par l'Ugogo. 176
VI. De Mpuapua à la côte. 235

Nancy, Imp. Berger-Levrault et Cie.